FUSSBALL
ACADEMY

## Bisher erschienen:

Band 1 – Eine wichtige Entscheidung

Band 2 – Eine blöde Verletzung

Band 3 – Eine große Überraschung

Band 4 – Ein eiskalter Winter

Band 5: – Ein genialer Geburtstag

Band 6: – Ein schlimmes Spiel

Band 7: – Ein wahres Wunder

Jeder Band der Reihe kann unabhängig von den anderen gelesen werden. Die Reihenfolge muss zum Verständnis nicht eingehalten werden.

**niklasfussballseite.de**

Irene Margil | Andreas Schlüter

# Fußball Academy

## Eine große Überraschung

Mit Illustrationen von
Jan Saße

CARLSEN

# Inhalt

# Eine große Überraschung

Yao saß mit seinen besten Freunden Fiete, Haruki, Yusuf und Lars beim Mittagessen in der Mensa.

Soeben war Max, der noch in der Runde gefehlt hatte, herangestürzt und hatte eine sensationelle Neuigkeit mitgebracht.

„Mädchen!“, hatte er gebrüllt. „Ich habe Mädchen gesehen. Hier auf unserem Gelände!“

Die Jungs am Tisch mussten diese Meldung erst einmal sacken lassen. Denn sie wussten nicht, was sie bedeutete.

„Was soll das heißen?“ Fiete war der Erste,

der seine Sprache wiederfand. „Ist heute Familienbesuchstag oder so? Hab ich etwas verpasst?“

„Max macht mal wieder einen echt schlechten Witz“, winkte Lars ab.

Max wedelte abwehrend mit den Händen und setzte zu einer Antwort an. Doch Haruki war schneller. „Cool! Wir haben schon einen weiblichen Fanclub. Ich hab noch gar keine Autogrammkarten.“

Max schluckte seine eigentliche Antwort herunter und wandte sich stattdessen an Haruki:

„Bist du übergeschnappt? Wir haben keinen Fanclub. Niemand kennt uns!"
Haruki zuckte mit den Schultern, halb entschuldigend, halb ratlos. Er konnte sich keinen anderen Grund für einen Mädchenbesuch an dieser Academy vorstellen.
„Einige tragen Trainingsanzüge, andere ganz normale Straßenklamotten und ...", setzte Max von Neuem an.
„Echt?", unterbrach ihn Lars. „Und? Wie sehen die aus? Sind die süß?"
Max schnappte nach Luft und konterte: „Süß? Rede ich hier von Lakritz oder was?"
„Nun hört doch mal zu und lasst Max erzählen!", forderte Yusuf die anderen auf.
„Danke!", sagte Max erleichtert und setzte zum dritten Mal an. „Also, nur einige tragen Sportklamotten, aber alle – ich betone: alle! – haben Koffer dabei!"
„Koffer? Wie, Koffer?", fragte Fiete verwirrt.
„Na, Koffer eben!", wiederholte Max. „Ganz normale, große, dicke Rollkoffer, die man

braucht, wenn man hier in die Academy einzieht!“
Lars hatte gerade einen Schluck Sprudel nehmen wollen, den er jetzt über die Tischplatte spuckte. Kreischend sprangen die anderen zurück, wobei ihre Stühle krachend umkippten.
„Mensch!“, schimpfte Haruki. „Muss das sein?“
Lars hatte sich verschluckt und hustete mit hochrotem Kopf. Zwischen röchelnden Atemzügen und erneuten Hustenanfällen prustete er undeutlich hervor: „Er hat … einziehen … ge…sagt. Wieso denn hier … einziehen?“
„Na, das ist doch völlig klar“, erläuterte Max. „Das sind Fußballerinnen! Mädchen, die wie wir

in die Academy gekommen sind und die mit uns lernen und Fußball spielen!"

Lars hatte sich einigermaßen erholt. Sein Kopf war allerdings immer noch rot. Deshalb holte er noch einmal tief Luft, ehe er verblüfft fragte: „Mit uns? In einer Mannschaft?"

„Wir haben überhaupt keine Mannschaft", stellte Yao klar. „Bisher trainieren wir nur."

„Und wir haben Schulunterricht", ergänzte Fiete mit säuerlicher Miene. „Kommen die in unsere Klasse?"

„Wahrscheinlich", mutmaßte Max. „Ich glaube nicht, dass die den Unterricht und das Training nach Jungs und Mädchen trennen. Das kann ich mir einfach nicht vorstellen."

„Nicht?", hakte Lars nach. „Und die Zimmer?"

Yusuf schüttelte den Kopf. „Die Zimmer natürlich, du Hirni. Die sind doch auch längst aufgeteilt. In unserem Geschoss A sind alle Zimmer belegt. Aber da ist ja noch das Geschoss B, direkt über unserer Etage. Jetzt weißt du auch, wieso."

Lars zog die Augenbrauen hoch. „Ja? Wieso denn?“

„Weil dort jetzt die Mädchen einziehen!“, sagte Yao.

Alle wussten, die Fußball Academy war eine besondere Schule. Vom ersten Tag an hatte es ständig irgendwelche Überraschungen gegeben. Es gab teils sehr ungewöhnliche Trainingsmethoden, eine große medizinische Abteilung, eine absolut traumhafte Ausstattung, das angekündigte, aber allen immer noch unbekannte Unterrichtsfach Mentaltraining und einen Musiksaal, so voll mit Instrumenten, als sei hier eine Musikschule. Und jetzt auch noch Mädchen auf dem Gelände?

„Mädchen? Bist du da ganz sicher?“, fragte Fiete noch einmal ungläubig nach. „Ich dachte, die Schule ist nur für uns da?“

Max zuckte mit den Schultern. „Dachte ich auch. Aber ich habe Mädchen in die Villa gehen sehen.“

Und nicht nur er. Ali und Adal kamen aufgeregt an den Tisch.

„Habt ihr es schon mitbekommen?“, fragte Ali. „Da kommen ...“

„... Mädchen an die Academy!“, beendeten Fiete, Haruki, Yusuf, Lars und Yao den Satz im Chor.

In dem ursprünglich mal einzigen Gebäude auf diesem großen Gelände, der Villa, befanden sich das Büro von Direktor Möller, die Rezeption mit Frau Melzig und die Unterrichtsräume. Wer in die denkmalgeschützte Villa ging, betrat sie entweder vom dahinterliegenden Gelände aus oder durch das schwere Haupttor aus Eichenholz mit seinen schmiedeeisernen Beschlägen auf der Frontseite.

„Jetzt wissen wir auch, warum es gleich noch ein Treffen gibt“, sagte Yao.

Alle nickten zustimmend.

Nur Lars zog wieder die Augenbrauen hoch.

„Ja, wieso denn?“

„Oh Mann, Lars!“ Ali winkte ab. „Haste gerade nicht zugehört? Schaut euch um. Im Moment sind wir hier ganz allein. Kein Erwachsener, nur die Seltmanns. Wetten, die Mädchen werden gerade empfangen?“

Ali verzog bei dem Wort Mädchen das Gesicht, als hätte er in eine der saftigen Zitronenspalten gebissen, die Frau Seltmann gerade für die Wiener Schnitzel nachlegte.

„Und wieso sind wir beim Empfang nicht dabei?“, fragte Yao verwundert.

„Ich frag mal nach“, bot Yusuf sich an.

„Vielleicht weiß Frau Seltmann mehr. Wenn die Mädchen hier einziehen, muss sie das ja wissen, weil sie auch für die kochen muss.“

„Gute Idee!", rief Max ihm zu. „Guck mal, ob es heute besonders viele Salatportionen gibt."
Yusuf schaute ihn verwundert an. „Wieso das denn?"
„Na, Mädchen!", antwortete Max aus voller Überzeugung. „Die essen doch keine Schnitzel, sondern immer nur Salat und Gemüse. Meine Mutter jedenfalls macht das so."
Die anderen Jungs lachten.

„Hallo? Hast du überhaupt schon mal ’n echtes Mädchen gesehen – außer deine Mutter, meine ich?“, fragte Ali.

„Ja“, antwortete Max und zeigte hinaus Richtung Villa. „Eben gerade. Jede Menge. Alle mit Koffern.“

Wieder lachten die anderen.

Kurz darauf kehrte Yusuf zurück. „Frau Seltmann hat nicht geantwortet, sondern nur gegrinst.“

„Da sind sie!“, rief Lars. Er sprang auf und rannte zur Glasfront, durch die man aus der Kantine gut das Gelände überblicken konnte. Seine Nasenspitze stieß gegen die Scheibe, während er zu zählen begann: „... drei, vier ... zehn, elf, zwölf! Es sind zwölf!“

Inzwischen klebten eine Menge weiterer Nasen an der Scheibe und alle sahen es: Angeführt vom Trainerteam zog die Gruppe der Mädchen direkt rüber zu den zweigeschossigen Wohnhäusern.

Ali stieß einen tiefen Seufzer aus. „Ich soll mit

Mädchen trainieren? Ernsthaft? Ich bin hier, damit ich Fußballprofi werde. Dazu muss ich hart trainieren. Ich kann keine Zeit mit Mädchen verschwenden. Die wollen ständig quatschen und daddeln dabei mit dem Ball nur rum."
Er sah sich um, als suchte er jemand, der ihm erklärte, dass das alles nur ein großes Missverständnis war. Aber diesen Jemand gab es nicht. Es war Tatsache, dass in diesem Moment gerade zwölf Mädchen in die Academy einzogen.
„Jetzt warte erst mal ab", beschwichtigte ihn Haruki. „Die wurden bestimmt genauso ausgewählt wie wir, dann müssen die gut sein."
„Pah!", winkte Ali ab. „Gut für 'n Mädchen vielleicht, aber doch nicht so gut wie wir. Hallo? Hast du schon mal ein Mädchen gut Fußball spielen sehen?"
Haruki zog die Schultern hoch. „Ehrlich gesagt hab ich noch nie mit Mädchen Fußball gespielt."
„Wirklich nicht?" Yao war überrascht. „Auch in der Schule nicht? Bei uns gab

es im Sportunterricht immer gemischte Mannschaften. Egal, ob beim Turnen oder beim Fußball."

„Und?", fragte Haruki. „Wie war das?"

Yao zog erst etwas ratlos die Schultern hoch, dann antwortete er grinsend: „Beim Turnen haben wir Jungs meistens unser Turnzeug vergessen. Natürlich absichtlich, weil wir keine Lust hatten."

„Und beim Fußball? Haben die Mädchen da mitgemacht?", hakte Haruki interessiert nach.

„Manche nicht. Die wollten immer lieber Brennball oder Basketball spielen."

„Sag ich doch!" Ali fühlte sich bestätigt. „Mädchen und Fußball. Also echt!"

Yao hob die Hand, um anzuzeigen, dass er noch nicht fertig war. „Aber manche haben mitgespielt. Und einige waren wirklich gut."

„Aha! Siehst du, Ali?" Haruki hatte es doch gewusst. „Manche Mädchen können etwas ..."

„Ja", antwortete Ali, „mich mal an die Füße fassen. Ich will nicht mit Mädchen trainieren."

„Wieso nicht?“, mischte sich jetzt Fiete ein. „Mädchen gegen Jungs! Das könnte lustig werden.“
„Lustig?“, giftete Ali ihn an. „Ich bin hier nicht auf einer Clownsschule. Ich will nicht, dass es lustig wird. Ich will Profi werden.“
„Das stimmt!“, kommentierte Haruki. „Ali ist alles andere als lustig.“
Die anderen Jungs lachten.
Ali verzog die Miene zu einem noch grimmigeren Gesicht.
„Jedenfalls kannst du nichts daran ändern“, stellte Yao fest. „Finde dich mit den Mädchen ab – oder ärgere dich, bis du Profi bist.“

# Geknolze und Gebolze

Mit den Jungs in seinem Zimmer 5 und auch mit den meisten anderen kam Yao bisher sehr gut klar. Vor Ali allerdings nahm er sich in Acht. Er rechnete es ihm zwar hoch an, dass Ali der wilden Kissenschlacht in der ersten Nacht ein Ende gesetzt hatte – andererseits konnte Yao nicht vergessen, dass er es gewesen war, der im Schwimmbad mit der Schwimmnudel auf ihn eingedroschen hatte, als er gerade auf den glatten Fliesen ausgerutscht war und sich dabei verletzt hatte. Erst als Lars ihn zur Seite gezogen hatte, hatte Ali damit aufgehört. Das waren wohl die zwei Seiten von Ali.

Als Größter und Stärkster der ganzen Gruppe fühlte er sich anscheinend verantwortlich, einigermaßen für Ruhe, Disziplin und Ordnung zu sorgen. Auf der anderen Seite musste man aufpassen, besonders wenn man mit ihm in Streit geriet.

Jetzt zumindest grummelte Ali nur weiter leise vor sich hin.

In dem Moment blieb Frau Fröhlich, die draußen der Mädchengruppe voranging, plötzlich stehen, drehte sich um und zeigte auf die Jungs, die immer noch in einer Reihe an der Glasscheibe klebten.

Alle Mädchen schauten nun direkt rüber zu den glotzenden Jungs.
Haruki reagierte als Erster, wich schnell ein paar Schritte zurück und eilte dann zu seinem Platz. „Leute!“, rief er den anderen zu. „Wir gaffen wie die Affen, also echt! Das ist total peinlich!“
Schnell steckte er seine Papierserviette in den Kragen und machte sich weiter über einen Berg Kartoffelsalat und ein Wiener Schnitzel her, als hätte er das Essen nie unterbrochen.
Die anderen folgten seinem Beispiel, flitzten zurück zum Tisch und aßen hastig weiter.
„Ob die uns wirklich gesehen haben?“, fragte Fiete.
„Natürlich!“, antwortete Haruki mit vollem Mund. „Und ihn sehen sie noch immer.“ Er zeigte mit seiner Gabel zur Fensterfront, an der Adal als Einziger stehen geblieben war.
Adal drehte sich nur kurz zu den anderen um. „Digger, ich will wissen, was da draußen los ist!“ Er machte immerhin einen Schritt nach

hinten. „Was glaubt ihr, spielen die auch alle in Bundesligavereinen?“

Yao lief unwillkürlich rot an. Denn er hatte in keinem Bundesligaclub gespielt, weder Erste noch Zweite noch Dritte Liga, sondern in einem völlig unbekannten Stadtteilverein, in dem er zufällig entdeckt und für diese Academy ausgewählt worden war.

Adal hingegen kam aus der Jugendabteilung von Eintracht Frankfurt und hielt sich deshalb manchmal wohl für etwas Besseres.

Auf seine Frage aber bekam er keine Antwort.

Gerade wollte er sich wieder dem Ausblick auf die Mädchen widmen. Doch die zogen schon weiter.

Vom Tresen her läutete es: Das war das Zeichen, dass das Essen in zehn Minuten endete.

„Wie? Jetzt schon?“, rief Adal panisch und sprintete sofort zu seinem Platz zurück. Zum Essen blieben ihm nur noch wenige Minuten.

Nach genau zehn Minuten forderte ein zweites

Glockenzeichen alle dazu auf, das Geschirr umgehend zum Abstellwagen zu bringen.
„Abpfiff!“, rief Frau Seltmann mit Nachdruck und begann, die Tische abzuwischen.
Ihr Mann schob die ersten Abstellwagen weg und schloss die Rollläden der Essensausgabe.
Dabei beobachtete Yao etwas Seltsames.
„Hast du das gesehen?“, fragte er Fiete neben sich. „Herr und Frau Seltmann haben sich zugezwinkert. Weißt du, was das bedeuten könnte?“

„Dass sie verliebt sind und flirten?“, mutmaßte Fiete.
Yao hob die Augenbrauen. „Hä? Die sind schon lange verheiratet!“
Fiete zuckte mit den Achseln. „Keine Ahnung, vielleicht trotzdem? Oder Frau Seltmann hat Geburtstag und sie haben etwas Schönes vor.“
„Glaube ich nicht“, widersprach Yao. Da ging etwas anderes vor sich. Davon war er überzeugt.
Das von Herrn Friedrich angekündigte Treffen begann in einer Viertelstunde. Deshalb lohnte es sich nicht mehr, die Mensa zu verlassen. Manche gingen noch schnell zur Toilette. Doch die meisten blieben an ihrem Platz sitzen. Mehr oder weniger.
Haruki knüllte eine Serviette zu einem kleinen Ball zusammen, warf ihn hoch in die Luft, fing ihn mit dem Spann wieder auf und los gings. Das Spiel war eröffnet. „Yao, Fiete, Adal sind bei mir. Gegen euch: Ali, Yusuf und Max.“
Said, der eigentlich zu der Tischgruppe

gehörte, war wegen einer Muskelverspannung bei der Massage.

„Wo ist eigentlich Tom?", fragte Haruki.

„Klo!", antwortete Fiete.

„Gut, wenn er zurückkommt, ist er bei euch", bestimmte Haruki.

„Was ist das Tor?", wollte Yao wissen.

„Papierkorb", sagte Haruki.

Damit war klar, es gab nur ein Tor, das beide Mannschaften sowohl verteidigten als auch versuchten zu treffen. Das war ziemlich schwierig, denn es bedeutete, einen ständigen Wechsel zwischen Angriff und Verteidigung vorzunehmen. War man im Ballbesitz, musste man versuchen, ein Tor zu erzielen. Was zusätzlich dadurch erschwert wurde, dass es nicht genügte, den Papierkorb zu treffen, sondern man musste den „Ball" lupfen, um ihn

– wie beim Basketball – in den Korb zu versenken. Das wäre mit einem normalen Fußball schon nicht so leicht gewesen, aber mit einer Papierkugel war es fast unmöglich, fand Yao.

Verlor man den Ball an den Gegner, musste man blitzschnell umschalten und das Tor verteidigen.
Yao gefiel das Spiel, obwohl er es äußerst schwer fand – und es in der Mensa natürlich verboten war. Denn im Eifer des Spiels ließ es

sich gar nicht vermeiden, sämtliche Stühle und Tische zu verrücken und über den Fußboden zu schrappen oder gar umzuwerfen.
Doch von den Seltmanns war nach Feierabend nichts mehr zu sehen. Und zu hören war nur, wie nach jedem Essen, laute Radiomusik, die hinter den Rollläden erschallte.
„Hier! Hier!“ Fiete bot sich an, als würde er auf dem großen Fußballplatz einsam an der Außenposition stehen. Aber hier ging es enger zu als beim Eckball im Strafraum. Man konnte froh sein, wenn man die Papierkugel überhaupt mal nur mit der Fußspitze berührte. Von gezielten Pässen konnte überhaupt keine Rede sein. Es war ein einziges Geknolze und Gebolze. Bis plötzlich unter lautem Geschepper der Papierkorb umkippte.
„Das Tor ist umgestürzt!“, rief Yusuf und kicherte.
Yao liebte diese unerwarteten und lustigen Einlagen. In der Fußball Academy war selbst während seiner Tage mit dem verstauchten

Fuß im Bett keinen Moment Langeweile aufgekommen.

Ging es bisher nach dem Mittagessen für ein, zwei Stunden direkt auf die Zimmer, stand heute ein „Spezialtreffen“ an. So hatte Herr Friedrich es genannt. Allerdings konnte Yao seine Sorgen wegen des Unterrichts nicht mit einer Papierkugel wegkicken.

Seine Hausaufgaben fielen ihm von Tag zu Tag schwerer, darum war ihm im Moment alles andere lieber. Nicht nur in Mathe hatte er große Probleme, sondern auch in den Fächern Deutsch, Physik und Chemie. Herr Möller hatte schon bei ihrer Begrüßung regelmäßige Leistungstests angekündigt. Und in den kommenden Tagen standen Tests in allen vier Fächern an. Wie sollte Yao das nur schaffen?

Ein heftiger Rempler riss ihn aus seinen Gedanken.

„Mann, du Schlafmütze!“, pflaumte Haruki ihn an.

Yao hatte gar nicht mitbekommen, dass die Papierkugel genau vor seine Füße gefallen war. Ali luchste sie ihm sofort wieder ab, allerdings nur durch einen Bodycheck. Obwohl sie gar keinen Schiedsrichter hatten, wollte Yao gerade ein Foul reklamieren, da ertönte erneut die Dingdong-Klingel. Und die Seitentür wurde geöffnet.

# Eiskalte Begrüßung

Yao ahnte, dass er jetzt erfahren würde, weswegen die Seltmanns gezwinkert hatten. Denn durch die Tür betrat eine Frau die Mensa, die Yao irgendwie bekannt vorkam. Hinter ihr folgten der Direktor und die Trainer. Und dahinter kamen die Mädchen herein, die sie zuvor auf dem Gelände beobachtet hatten.

„Ist das nicht eine ...?“, flüsterte Fiete. Er wies unauffällig auf die Frau, die als Erste die Mensa betreten hatte.

„Digger, ich weiß, wer das ist“, zischte Adal den beiden leise zu.

Yao und Fiete sahen ihn an.

„Du?“, fragte Yao erstaunt. Ausgerechnet Adal, der eben noch über Mädchenfußball gelästert hatte, kannte die Frau?
„Die ist Torhüterin bei uns“, erläuterte Adal. „Also, nicht bei uns, aber bei uns im Verein, bei Eintracht Frankfurt. Die hat früher schon mal das Triple mit Wolfsburg gewonnen, also sogar Champions League. Und spielt in der Nationalelf. Stand in unserer Vereinszeitung.“
„Wow!“, entfuhr es Fiete anerkennend. „Wie heißt sie?“
Adal zuckte mit den Schultern.
„Hab ich vergessen.“
Doch das erfuhren die Jungs sogleich in der Begrüßungsansprache des Direktors, der die Torhüterin als Merle Frohms vorstellte. Sie wurde mit Beifall der Jungs begrüßt.

„Wie ihr vielleicht eines Tages auch“, erläuterte der Direktor, „durchlief Merle Frohms alle

Nachwuchsmannschaften des DFB und wurde 2012 mit der U17 sogar Europameisterin. Heute gehört sie zum Kader der A-Nationalelf. Wir freuen uns, dass sie die Patenschaft für unsere Neuankömmlinge übernommen hat, unsere zwölf Fußballspielerinnen. Herzlich willkommen!"
Wieder Beifall der Jungs.
Die Mädchen standen in zwei Reihen.
Links von ihnen stand das Trainerteam, rechts Herr Haberland neben dem Direktor, der gerade seine Begrüßungsrede hielt.
„Wir freuen uns riesig, gemeinsam mit den Jungs, dass wir nun endlich auch euch Mädchen hier in der Fußball Academy begrüßen dürfen."
Ein Mädchen, das über alle anderen hinausragte, beugte sich zu dem neben sich hinunter und fragte: „Die Jungs sind schon länger da? Fangen wir hier nicht alle gleichzeitig an?"
Sie hatte leise geflüstert, durch ihre Größe schallte ihre Frage dennoch rüber zum Direktor.
Der wandte sich zu ihr und antwortete: „Das ist

eine berechtigte Frage. Ehrlich gesagt sollten die Mädchen und Jungen tatsächlich gleichzeitig hier beginnen. Aber in eurem Wohntrakt gab es einen Wasserrohrbruch, der erst repariert werden musste. Aber jetzt ist alles bestens und frisch renoviert."

„Typisch", zischte Ali leise durch die Zähne, sodass es wirklich niemand hörte außer Yao. „Die Mädchen sind noch nicht mal hier und machen schon alles kaputt."

„Was für ein Quatsch!", fauchte Yao ihn an. „Wie sollen sie das denn gemacht haben? Meinst du, die können hexen, oder was?"

„Genau", flüsterte Ali. „Bestimmt können die hexen!"

Yao schüttelte fassungslos den Kopf.

Fiete stand hinter Ali und kicherte: „Dich auszudribbeln, ist nun wirklich keine Hexerei, Ali. Da musst du nicht jetzt schon nach Ausreden suchen!"

Auch Yao musste lachen. Und beobachtete, wie ein schwarzhaariges Mädchen aus der vorderen

Reihe, das in etwa so klein war wie er selbst, Ali mit finsterem Blick fixierte. Leider hatte sie Fietes Spruch wohl nicht mitbekommen, sondern nur Alis abfällige Bemerkung.
„Die mit den schwarzen Haaren hat dich gehört, Ali. Bei der bist du schon mal unten durch“, flüsterte Yao Ali zu.
Ali wurde erst bleich, dann errötete er.
„Scheiße. Meinst du?“
„Ganz sicher“, behauptete Yao.
„Echt?“, fragte Ali noch mal nervös.
„Tja“, kommentierte Fiete. „Immer erst denken, dann sabbeln.“

Yao war zufrieden mit sich, dass er Ali diesen kleinen Dämpfer hatte verpassen können. Fiete auch. Er zwinkerte Yao zu. Dadurch allerdings hatte Yao den Worten des Direktors nicht weiter folgen können.

Entsprechend überrascht war er, als der jetzt seine Rede schon beendete.

„Zur Begrüßung gibt es nun für alle ein leckeres Eisbüfett“, verkündete Herr Haberland, woraufhin sich der Rollladen der Essensausgabe wieder öffnete. Das war es also, weshalb das Ehepaar Seltmann sich zugezwinkert hatte!

Und das Eisbüfett konnte sich wirklich sehen lassen.

Ein einhelliges „Ahhh!“ und „Ohhh!“ hallte durch die Mensa, und zwar sowohl von den Jungs als auch von den Mädchen.

„Na, eine Gemeinsamkeit haben wir schon mal“, stellte Yao zufrieden fest.

„Ein Eis geht immer, oder?“, rief Herr Möller und grinste. „Danach kommt eine kleine Vorstellungsrunde. Und anschließend machen wir draußen Elfmeterschießen.“

„Ja! Mädchen gegen Jungs!", rief Adal.
„Nein!", widersprach Herr Möller. „So war das eigentlich nicht gedacht, aber …"
Gegen den Beifall im Saal kam er allerdings nicht an.
Dann sahen die Jungs sich zögerlich an. Durften sie jetzt das Büfett stürmen oder sollten sie den neu angekommenen Mädchen den Vortritt lassen? Die jedenfalls machten sich sofort auf den Weg, wobei sie sich ganz ruhig in einer Schlange anstellten.
Nur Max wartete nicht ab. Der brüllte „Yeah!", raste mit erhobenen Armen zur Essensausgabe und drängelte sich zwischen die Größte und die Schwarzhaarige, die Yao beobachtet hatte. Während die beiden überrascht zurückwichen, packte ein drittes Mädchen Max sofort von hinten am Kragen und zog ihn wieder aus der Schlange heraus. Es war rothaarig und nur ein Stückchen größer als Max.
„Hey! Spinnst du?", fauchte sie ihn an.
„Aber …!" Max' Blick huschte über eine

Riesenauswahl verschiedener Eisbecher. „Boah, das ist der Wahnsinn!“ Er wollte sich von der Rothaarigen losreißen und sich auf das Eis stürzen.
Doch die ließ ihm keine Chance. Ihre Hand hatte sich fest in seinen Kragen gekrallt.
„Mann“, stöhnte Max. „Lass mich los!“
„Mann? Du meinst wohl A-MAN-da!“, sagte die Große, die sich plötzlich zu ihm drehte. „Ja, so heiße ich. Aber ich halte dich gar nicht fest.“
Max zog und zappelte, aber der Griff des rothaarigen Mädchens lockerte sich kein bisschen.

Max zeigte auf sie. „Aber die da!“
„Dieda?“, fragte die Große und zog die Augenbrauen hoch.
Die Rothaarige riss Max jetzt herum, sodass er ihr unfreiwillig direkt in die Augen sah. „Ich bin *die da*, an der niemand vorbeikommt, wenn ich es nicht will. Kapiert, du da?“
„Öhm ...“, stotterte Max.
„Okay, Öhm. Du stellst dich jetzt hinten an“, befahl ihm das rothaarige Mädchen.
„Ich ... heiße nicht *Öhm*“, sagte Max.
„Und ich nicht *Dieda*!“, konterte das Mädchen. Sie stieß Max mit einem leichten Schubs von sich, um ihm die Richtung nach hinten anzuzeigen.
Da hatten sich mittlerweile die anderen Jungs eingereiht.
Natürlich hatten sie alles beobachtet.
„Keine schlechte Abwehr“, feixte Fiete.
„Ha, ha!“, meckerte Max und wollte sich vor Fiete einreihen.
Doch der drückte ihn gleich wieder weg.

„Vergiss es!“, mahnte er. „Du glaubst doch nicht, dass du bei mir schaffst, was du bei den Mädchen nicht geschafft hast. Hinten anstellen.“

„Oh Mann!“, stöhnte Max.

„Nein, A-MAN-da!“, antworteten Yao, Fiete und Haruki wie aus einem Mund und kicherten laut los.

Kurz darauf hatten alle einen Eisbecher ausgewählt, sich an die Tische gesetzt und waren damit beschäftigt, ihr Eis zu löffeln. Jeder hatte sich zwei Kugeln aussuchen dürfen. Aber ohne Sahne. Nur Schoko- oder bunte Streusel waren erlaubt.

Yao hatte Mango und Zitrone mit bunten Streuseln genommen und gesehen, dass das rothaarige Mädchen genau die gleiche Wahl getroffen hatte.

Während er den letzten Rest aus seinem Becher kratzte, sah er zu ihr hinüber. Yao hätte sie gern angesprochen. Aber ohne dass es verlangt worden war, hatten sie ihre alte Tischordnung

beibehalten, sodass alle zwölf Mädchen gemeinsam an dem großen Tisch saßen, der bisher frei geblieben war.
Yao fragte sich, ob es diese Trennung zwischen Jungs und Mädchen auch gegeben hätte, wenn sie – wie ursprünglich geplant – alle gleichzeitig an der Academy begonnen hätten.
Herr Haberland hatte das Problem wohl auch gerade erkannt. Er erhob sich und ergriff das Wort: „Ich übernehme die Vorstellung mal schnell für euch. Mal schauen, ob ich alles korrekt im Kopf habe."
Nun stellte er alle Mädchen einzeln der Reihe nach vor, mit Namen, Verein und aus welcher Stadt sie ursprünglich kamen.
Yao dachte, zwölf Namen und Vereine würde er sich locker merken können, doch schon beim siebten Mädchen erkannte er, dass er bereits vergessen hatte, wie das zweite Mädchen hieß, das soeben vorgestellt worden war.
Doch jetzt kam das rothaarige Mädchen dran, das den gleichen Eisgeschmack wie er hatte.

„Das ist Laura Böttcher, 12 Jahre alt, von Turbine Potsdam."

Ali kicherte. „Tur-bine? Müsste es nicht Sa-bine heißen?"

„Bloß, weil du nicht weißt, was eine Turbine ist", kommentierte Yusuf.

Ali lief rot an. Yusuf hatte offenbar den Nagel auf den Kopf getroffen.

Allerdings: Yao wusste es auch nicht.

Fiete rief es Ali laut zu:

„Eine Turbine ist ein Antriebswerk. Damit können Maschinen betrieben werden oder auch Flugzeuge."
Klar! Bei Flugzeugen. Jetzt fiel es Yao wieder ein. Trotzdem ein komischer Name für einen Fußballverein, dachte er. Aber wenigstens kam auch sie aus einem kleinen Verein.
Doch Herr Haberland erzählte weiter. „Turbine Potsdam steht aktuell in der Frauen-Bundesliga an dritter Stelle."
Verdammt!, dachte Yao. Blieb er wirklich der Einzige an der Academy, der von einem unbedeutenden Stadtteilverein kam? Auch die Mädchen, die zuvor vorgestellt worden waren, kamen ausnahmslos aus Frauen-Bundesliga-vereinen: Bayern München, Wolfsburg, Eintracht Frankfurt, Carl Zeiss Jena ...
„Wo liegt denn Potsdam?", fragte Yusuf.
„Neben Berlin", wusste Adal beizusteuern.
„Ein Cousin von mir spielt bei Hertha BSC."
Dann kam das kleine schwarzhaarige Mädchen dran.

# Jungs gegen Mädchen

„Das ist Maria Corleone vom AS Rom", stellte Herr Haberland die Schwarzhaarige vor.
Ein großes Geraune waberte über die Tische, an denen die Jungs saßen.
„AS Rom?", fragte Max nach. Die Frage war lauter aus ihm herausgeplatzt, als er gewollt hatte.
„So ist es", bestätigte Herr Haberland. „Sie ist

neben Nayara von allen Academy-Teilnehmern am weitesten von zu Hause fort. Also seid besonders nett zu ihr. AS Rom ist europaweit führend in der Fußballausbildung von Mädchen und sie wurde uns ausdrücklich empfohlen. Maria wohnt mit ihrer Familie in Rom, aber ihre Mutter ist Deutsche. Deshalb ist Maria zweisprachig aufgewachsen und spricht wie ihr fließend Deutsch."

„Arrividertschschi!", rief Tom ihr zur Begrüßung mit seinem schwäbischen Akzent zu.

Herr Haberland erklärte grinsend: „Du hast Maria soeben verabschiedet, Tom. Das ist nicht nett."

Alle lachten.

„Adele!", rief Maria, winkte Tom zu und fügte an: „Wi Schwob schwätze fei so." In die verdutzten Gesichter der Anwesenden erklärte Maria: „Mai Muadr kommd aus Tiebinga."

Tom hatte es als Einziger verstanden und übersetzte: „Ihre Mutter kommt aus Tübingen. Deshalb kann sie Schwäbisch sprechen."

Kurz darauf waren die Jungs dran in der Vorstellungsrunde.
Yao wurde als Vorletzter von Herrn Haberland vorgestellt. Ihm wurde innerlich heiß und kalt vor Aufregung. Gleich würden auch die Mädchen erfahren, dass er als Einziger aus einem kleinen Stadtteilverein kam. Wie peinlich war das denn?!
Doch keines der Mädchen lachte, als sein Verein genannt wurde.
Yao atmete erleichtert auf.
„Und zum Abschluss unser lieber Haruki“, rief Herr Haberland. „Vom SC Freiburg.“
„Nein!“, rief Haruki.
„Wie?“, fragte Herr Haberland verwirrt. „Bist du nicht beim SC Freiburg?“
„Doch!“, antwortete Haruki. „Aber ich heiße nicht Ha*ru*ki, sondern *Ha*ruki.
Mit der Betonung auf Ha, nicht auf ru.“
„Oh“, entschuldigte sich Herr Haberland.
„Genau wie ich: Haberland, auch mit Betonung auf dem Ha. Haha!“

Schon kurz darauf standen alle in Trainingskleidung draußen auf dem Platz um den Elfmeterpunkt herum und warteten ungeduldig auf den Beginn des verabredeten Elfmeterschießens. Auf der linken Seite die Mädchen, auf der rechten Seite die Jungs; gerade so, als hätten sie sich heimlich abgesprochen.

Max stand zwischen den Pfosten und machte Dehnübungen.
„Was ist denn hier los?“, fragte Herr Friedrich lächelnd. „Strikte Geschlechtertrennung?“
„Ja!“, erläuterte Adal. „Wir machen Jungs gegen Mädchen.“
„Nein“, widersprach Herr Friedrich.
Doch Laura rief Adal zeitgleich zu: „Klar!“
Herr Friedrich verstand. „Okay. So hatte ich es mir zwar gerade nicht gedacht, aber manches ändert sich wohl nie. Also von mir aus, wenn ihr es so wollt. Dann schießen immer ein Junge und ein Mädchen abwechselnd. Aber weil mehr Jungs da sind, schießen einige Mädchen zweimal. So weit klar?“
„Ganz ohne warm machen?“, fragte Amanda.
„Für so etwas musst du dich doch nicht warm machen!“, rief Ali, der sich siegessicher die Hände rieb.
„Moment!“, unterbrach ihn der Trainer. „Das ist für gewöhnlich sehr wichtig. Du hast recht. Amanda war dein Name?“

Amanda nickte.
„Aber das ist hier nur ein kleines Begrüßungsspiel. Nehmt es also nicht zu ernst. Das richtige Training geht erst morgen los. Ali, mach du doch gleich den Anfang!“
Herr Friedrich legte einen Ball auf den Elfmeterpunkt.
„Ich? Warum ich?“, fragte Ali und sah sich um. Er war der Älteste und zählte ohne Zweifel zu den Besten.

Herr Friedrich fragte genau das, was Yao dachte und einige andere vermutlich auch: „Warum nicht du? Los jetzt!“ Er zeigte mit auffordernder Geste zum Ball auf dem Elfmeterpunkt.

„Ali! Mach sie fertig!“, rief Tom.

„Halt!“, rief Laura dazwischen. „Das ist unfair!“

Herr Friedrich schaute, ebenso wie die Jungs, Laura fragend an.

Laura zeigte aufs Tor. „Ein Junge ist der Keeper!“

„Ja, und?“, fragte Herr Friedrich.

„Ist doch klar“, antwortete Laura voller Überzeugung. „Die Elfer der Jungs lässt er durch, unsere versucht er zu halten, damit die Jungs gewinnen.“

Sofort gab es laute Buhrufe der Jungs.

„Was?“, empörte sich Fiete. „Das würde Max niemals machen. Der versucht immer, jeden Ball zu halten.“

„Jaja!“, entgegnete Laura schnippisch. „Danke für die Märchenstunde.“

„Schon gut, schon gut." Herr Friedrich winkte Max zu. „Beruhigt euch. Wir wechseln auch beim Keeper ab. Max, hast du gehört?" Wortlos machte Max den Torraum mit langsamen Schritten frei. „Wenn die Jungs schießen, geht ein Mädchen in den Kasten. Wer?"
Ein Mädchen meldete sich.
„Na klar, Yasemin. Bitte."
Yasemin war das größte aller Mädchen und, wie Yao sofort erkannte, mit gut trainierten Armmuskeln.
Herr Friedrich wandte sich an die Jungs. „Yasemin habe ich entdeckt. Da könnt ihr euch auf etwas gefasst machen."
„Psst, Ali!" Fiete flüsterte ihm ins Ohr. „Sie ist die Größte von allen. Schieß flach."
„Schon klar", gab Ali zurück.
Sein Zögern kommentierte Laura mit einem schelmischen Lächeln: „Angst?"
Yasemin stand auf der Torlinie bereit, entschlossen, Alis Schuss zu parieren. Sie hob beide Arme hoch und begann zu wedeln, als

ob sie jeden Moment losfliegen wollte. Dabei sprang sie auf der Linie immer hin und her.
„Pah!“, zischte Ali und grinste breit. „Das Gehampel wird ihr auch nichts nützen.“
„Das ist so ein Psycho-Trick“, flüsterte Yao Yusuf zu. „Ich fürchte, sie hält!“
Einige Jungs klatschten nun aufmunternd im Takt.
Aber auch das brachte erst mal keinen Torschuss. Ali legte sich den Ball so behutsam zurecht, als wollte er ihn auf einem rohen Ei balancieren.
Er drehte den Ball in den Händen, legte ihn ein Stückchen weiter nach vorn und fast schien es, als würde er ihn beschwören.
„Er ist perfekt am Ball!“, rief Laura. „Einfetten, aufpumpen ...“
Alle Mädchen lachten.
Ali war nun bereit. Er ging einige Schritte rückwärts, und zwar genau so, wie Superstar Ronaldo es immer machte. Als würde er mit seinen Schritten exakt die

Anlaufentfernung abmessen. Yao hatte noch nie herausbekommen, ob Ronaldo sich das bei Weit- und Hochspringern abgeguckt hatte, damit sein Anlauf auf den Zentimeter genau stimmte, oder ob es nur Show war.
Bei Ali war es bestimmt nur Show.
Dann nahm Ali Anlauf.
„Endlich!“, seufzte Yusuf und sah gebannt auf Alis Füße.
Ali traf den Ball mit Vollspann.
Der Ball zischte knapp über Yasemins Fingerspitzen hinweg und ... ebenso knapp übers Tor.
Die Mädchen jubelten.
Ali stampfte auf den Boden und tat so, als wäre der schuld an seinem Fehlschuss.
Fiete brüllte: „FLACH, hatte ich gesagt. FLACH schießen!“ Fassungslos fasste er sich an den Kopf.
„Vielleicht üben die Jungs erst mal an einem Scheunentor“, lästerte Laura.
„Diese Szene wird ihn noch tagelang begleiten“,

Schieß flach!
Ich fürchte, sie hält!
KLATSCH
KLATSCH
Angst?
Er ist perfekt am Ball!
Einfetten, aufpumpen ...
ZISCH
FLACH, hatte ich gesagt.
FLACH schießen!!!

flüsterte Yusuf und hielt sich vor Entsetzen die Hände vor die Augen.

Für jeden Schützen war ein gehaltener Elfmeter frustrierend, aber noch viel schlimmer war ein Schuss übers Tor.

Yao hoffte, dass ihm das erspart bleiben würde.

Wie aus dem Training gewohnt, hatten sich alle Mädchen bereits in der Reihenfolge ihres Einsatzes bereitgestellt.

„Und weiter!“, rief der Trainer.

„Das kann jedem passieren“, sagte Max, klopfte Ali tröstend auf die Schulter und ging ins Tor, um Yasemin abzulösen.

Laura schritt zum Elfmeterpunkt, während sie sich langsam durch ihre roten Haare strich.

Max gab das Zeichen, dass er bereit war.
Auch er wollte wie Yasemin zuvor auf der Linie tänzeln, um Laura nervös zu machen. Doch dazu kam er gar nicht.
Laura legte den Ball auf den Punkt – und schoss sofort. Ohne Anlauf. Ohne eine Sekunde Verzögerung.
Sie traf den Ball gut. Der Schuss war zwar nicht besonders kräftig, aber so überraschend, dass Max überhaupt keine Zeit zum Reagieren blieb. Wie zu einer Statue erstarrt stand er da und konnte nur noch zuschauen, wie der Ball wie eine Billardkugel vom Innenpfosten ins Tor plumpste.
„1:0!“, brüllte Laura und reckte die Faust.
Jetzt war Fiete dran. Auch er machte es kurz und schmerzlos. Kurzer Anlauf, satter Flachschuss in die rechte Ecke, während Yasemin in die linke flog.
Die Jungs jubelten.
Fiete sah rüber zu Ali und rief ihm zu: „Flach, Alter. Flach schießen!“

Laura überrascht Max!
Fiete schießt flach und verlädt Yasemin!
Amanda schickt Max ins falsche Eck!
KLATSCH
KLATSCH
Was ist denn mit dir los? Bist du etwa für die Mädchen?
War doch gut geschossen ...

Ali winkte genervt ab.
Die Mädchen waren dran.
Amanda legte sich den Ball zurecht, lief an und schickte Max in die falsche Ecke. Ohne Show, konzentriert und unaufgeregt hatte sie ihren Elfer verwandelt.
Yao klatschte unwillkürlich Beifall, worauf die anderen Jungs ihn böse ansahen.

„Was ist denn mit dir los?“, zischte Yusuf. „Bist du etwa für die Mädchen?“

„War doch gut geschossen“, verteidigte sich Yao.

„Na und?“, meckerte Yusuf. Weiter konnte er Yao nicht anschnauzen – denn nun war er dran.

„Hauptsache, du schießt genauso gut wie sie“, rief Yao ihm zu.

„Worauf du dich verlassen kannst“, giftete Yusuf zurück.

Aber Yao konnte sich darauf eben nicht verlassen.

Obwohl Yusuf seinen Elfer wirklich – fast – perfekt schoss.

Ein satter Schuss in die obere rechte Ecke.

Doch Yasemin hechtete direkt in seine Flugbahn, fing den Ball so schnell, wie ein Chamäleon sich ein Insekt schnappt, und rollte ihn sanft zum Elfmeterpunkt zurück.

„Yeah!“, riefen die Mädchen.

Von den Jungs war nichts zu hören. Zumindest nicht laut.

Nur leise zischelten sie sich gegenseitig zu, wie gut Yasemin den Ball gehalten hatte.
„Sehr gut gemacht!“, lobte auch der Trainer.
Yasemin nickte mit einem zufriedenen Lächeln.
Das konnte ja noch heiter werden, dachte Yao.

# Die besondere Regel

Dann ging es zwar zügiger voran, dennoch dauerte das Elfmeterschießen gefühlt ewig. Immerhin standen da 20 Jungs und 12 Mädchen jeweils in ihrer Schlange und warteten darauf, endlich schießen zu dürfen.
Tom zappelte nervös mit dem ganzen Körper. Dann hüpfte er ungeduldig auf und ab und rief: „Oh Mann! Können wir nicht ein bisschen dribbeln, solange wir warten?“
Sehnsüchtig schaute er zum Bällenetz, das nur ein paar Meter entfernt auf dem Rasen lag.
Mit gekräuselter Stirn schaute Herr Friedrich auf die Wartenden. „Ich glaube, du hast recht,

Tom", gestand er. „Das war keine so kluge Idee mit dem Elfmeterschießen. Zumindest nicht auf nur ein Tor. Ich denke, wir sollten abbrechen."
„Gute Idee!", rief Tom und wollte zu den Bällen rennen.
„Halt!", rief Herr Friedrich.
Tom stoppte. „Was ist denn nun noch?"
„Erst mal eine Ansage: Also, Yasemin und Max bekommen exklusives Torwarttraining von Merle Frohms!", verkündete er.
„Wow!", rief Yasemin und strahlte. „Ein Traum wird wahr!"
„Und die anderen schnappen sich alle einen Ball und ..."
Tom raste los.

„HALT!“, brüllte Herr Friedrich erneut. „Nun warte doch.“

„Ich finde, wir sollten sowieso noch einen Elfmeter schießen“, rief Laura dazwischen. „Es steht 4:4. Das ist doch blöde. Beim Elfmeterschießen gibt es kein Unentschieden. Wir spielen bis zur Entscheidung.“

„Och Mann!“, stöhnte Tom wieder. „Das kann ja ewig dauern.“

Doch die anderen schlossen sich Lauras Meinung an. So lauteten nun mal die Regeln bei einem Elfmeterschießen.

„Na schön“, gab Herr Friedrich nach. „Also jeweils jede Mannschaft noch einen Schuss. Gehen beide rein, kommen die nächsten beiden, bis zur Entscheidung. Die Jungs haben angefangen. Also ist jetzt – wer? – Yao dran. Danach du, Nayara.“

Alle bis auf Tom waren einverstanden.

Nun war also Yao an der Reihe.

Das Elfmeterschießen war bis hierher ein verbissener Wettkampf zwischen den Mädchen und den Jungs gewesen, der jetzt nach einer Entscheidung verlangte. Lief ein Mädchen an, feuerten die Mädchen an. Die Jungs feuerten die Jungs an. Mit einer Ausnahme. Jetzt, als Yao sich bereitstellte, klatschte Amanda plötzlich unüberhörbar in die Hände.

Und so, wie Yao zuvor von den anderen Jungs für seinen Beifall schief angesehen worden war, so glotzten jetzt alle Mädchen Amanda an.

„Was denn?“, verteidigte sie sich. „Ich finde ihn süß!“

Nun lachten zum ersten Mal alle Jungs und Mädchen gemeinsam.

Nur Yaos Kopf fühlte sich plötzlich noch heißer an als ohnehin schon. Das war das sichere Zeichen für seine Aufregung. Und für seine Verlegenheit.

Hatte Amanda das etwa ernst gemeint? Oder hatte sie ihn nur vor allen lächerlich machen wollen, damit er verschoss? Wenn ja, dann hatte sie seinen wunden Punkt getroffen.

Yao schoss Tore am liebsten aus einem klugen

Spielzug heraus. Doch wenn ein ruhender Ball vor ihm lag, spürte er immer alle Blicke, die auf ihn gerichtet waren, wie feine Nadelstiche. Eben noch hatte er sich deshalb vorgenommen, so schnell wie möglich zu agieren und sich vor dem Schuss zu entscheiden, in welche Ecke und auf welche Höhe er den Elfer setzen wollte: rechts auf mittlere Höhe. Und nun der Beifall und der Spruch von Amanda, der ihn völlig aus dem Konzept brachte ...

Nervös sah er zu ihr hinüber, dann zu seinem Trainer, dann zu Yasemin im Tor. Noch einmal versuchte er, sich zu konzentrieren, indem er kurz die Augen schloss und tief durchatmete.

„Beeil dich! Wir essen zeitig!", rief Laura.

Wieder kicherten die Mädchen.

Endlich lief Yao an. Volle Konzentration.

Nach zwei Schritten Stopp. Torwart ausgucken.

Er sah das leichte Zucken von Yasemin zur rechten Seite. Er lief den letzten Schritt und schoss.

Der Ball schlug links auf mittlerer Höhe ein!

Als Nächstes hörte er den Jubel der Jungs und dazwischen Amandas Ruf: „Ihr müsst zugeben, das war super geschossen!“
„Ey! Boah!“, entfuhr es auch Max. Allerdings galt seine Hochachtung nicht nur Yao, sondern vor allem Yasemin, auch wenn sie dieses Mal in die falsche Ecke gesprungen war. Denn: „Yasemin so zu verladen, das muss man erst mal schaffen“, rief er. „Die ist der Wahnsinn!“
Wieso sprang sie so oft in die richtige Ecke? Max würde bestimmt bei nächster Gelegenheit mit ihr darüber sprechen, was ihr Trick war – so konzentriert, wie er die Keeperin gerade betrachtete.
„Max! Ins Tor!“, riss ihn der Trainer aus seinen Gedanken.
Max lief in den Kasten, während Nayara sich den Ball zurechtlegte.
Nayara trug einen kurzen schwarzen Stoppelhaarschnitt. Ihr Trikot sah mit seinen rot-weißen Streifen ein bisschen aus wie Zahnpaste, fand Yao.

Pablo, mit dem Yao bisher wenig zu tun hatte, von dem er aber wusste, dass er aus Spanien kam, erklärte den anderen: „Das ist das Heimtrikot von Athletic Bilbao."
„Sie kommt aus Spanien?", fragte Yao.
Pablo zuckte mit den Schultern.
„Keine Ahnung. Aber wenn, dann eher aus dem Baskenland. Das ist zwar auch Spanien, aber in Bilbao legen die Wert darauf, dass sie Basken sind."
„Aha!", sagte Yao und hatte keinen Schimmer, was das bedeuten sollte.
„Ein bisschen so, wie die Bayern in Deutschland auch immer betonen, dass sie Bayern sind", fügte Tom an, der vom VfB Stuttgart kam.

„Das muss ein Schwabe gerade sagen!“, kicherte Fiete von Holstein Kiel.
„Ruhe! Sie schießt!“, ging Ali dazwischen.
Nayara nahm Anlauf, schoss und rutschte während des Schusses weg, wodurch die kuriose Situation zustande kam, dass Nayara sich selbst am linken Knöchel anschoss, von dem aus der Ball unhaltbar für Max ins rechte Toreck abprallte.
Nayara ballte siegessicher die Faust.
Die Mädchen jubelten.
Aber Merle Frohms, die neben Herrn Friedrich stand, rief: „Oh weh. So ein Pech!“
Yao glaubte zuerst, sie meinte Max, der in die falsche Ecke gesprungen war, doch Merle Frohms fügte an: „Das tut mir leid, Nayara.“
„Hä?“, wunderte sich Yao.
Und auch die anderen schauten sie verwundert an, am meisten natürlich Nayara.
„Merle hat recht!“, rief Herr Friedrich ihr zu. „Der Elfer ist leider ungültig und darf nicht wiederholt werden.“

„Wieso gilt der nicht?", fragte Nayara.
Hinter ihr schauten alle Mädchen entsetzt zum Trainer.
„Du hast dich selbst angeschossen und damit den Ball zweimal berührt. Das ist nicht erlaubt. Beim Elfer muss der Ball mit einer einmaligen Berührung geschossen werden."
„Stimmt", rief Ali. „Das hab ich in der Bundesliga auch schon mal im Fernsehen gesehen!"
„Das heißt, wir Jungs haben gewonnen?", fragte Max.
Herr Friedrich nickte. „Mit viel Glück. Ja!"
Mehr wollten die Jungs gar nicht hören.
Alle jubelten.
Die Mädchen ließen geknickt die Köpfe hängen.
„Na ja", tröstete Amanda. „Das kann nun wirklich mal passieren."
„Gut", rief Herr Friedrich und blies einmal in seine Trillerpfeife. „Technikübungen mit dem Ball. Jeder für sich! Yasemin und Max: Torwarttraining!"

Jubelnd und grölend liefen alle, auch die Mädchen, zum Ballnetz.

Tom war als Erster da, öffnete es und warf einzeln alle Bälle heraus, die die anderen sich schnappen konnten.

Yao fing sofort an, den Ball hochzuhalten. Sein Rekord lag bei fünfundfünfzig, ohne dass der Ball den Boden berührte. Er wusste, dass er damit eher am unteren Ende der Skala lag, wenn er sich mit den anderen verglich. Bei jedem Training versuchte er, seinen eigenen Rekord zu brechen.

Doch jedes Mal kam ihm etwas dazwischen. So wie jetzt. Denn auf einmal standen Amanda und Nayara neben ihm.

„Sag mal, wie ist denn hier die Schule so?“, fragte Amanda.

Yao wandte sich zu ihr. Dadurch blickte er nicht mehr auf den Ball, der nun neben ihm auf den Boden prallte. Da hatte er gerade mal dreiundzwanzig geschafft. „Mist!“, fluchte Yao, dann sagte er zu Amanda: „Was?“

Amanda wiederholte ihre Frage.
„Das fragst du mich jetzt?“, fragte Yao zurück. „Auf dem Fußballplatz? Ich bin froh, wenn ich hier nicht an die Schule denken muss!“
„Aha“, kommentierte Amanda. „Dann läuft es wohl nicht so gut in der Schule, oder?“
„AAAAAAACHTUNG!“, kam von irgendwo Fietes Stimme.
Er hatte einen Hackentrick ausprobieren wollen, der ihm aber gründlich

missglückt war. Der Ball zischte direkt auf Yaos Hinterkopf zu.
Blitzartig war Nayara zur Stelle, sprang auf den Ball zu und wollte ihn zurückköpfen. Doch auch sie traf den Ball nicht richtig, sodass er ihr nach hinten ins Niemandsland wegsprang.
„Gute Kopfballverlängerung", lobte Fiete.
Nayara runzelte die Stirn. Sie wusste offenbar nicht, ob das Lob ernst gemeint war.
Währenddessen sagte Yao zu Amanda: „Können wir nicht später über die Schule reden? Nach dem Abendessen, zum Beispiel?"
„Na schön", gab sich Amanda zufrieden.
Sie zog mit Nayara weiter, schnappte sich einen Ball und begann ebenfalls mit ein paar Technikübungen.
Gut abgewiegelt, dachte Yao zufrieden. Er war sicher, dass Amanda ihre Frage nach dem Training und dem Abendessen längst vergessen haben würde.
Doch damit lag er leider komplett falsch.

# Der Pakt

„Und?“
Yao saß mit den anderen beim Abendessen am Tisch und war gerade im Begriff, sein schmutziges Geschirr zusammenzuräumen und zur Geschirrabgabe zu bringen, als plötzlich Amanda hinter ihm stand. Um ein Haar wäre Yao beim Aufstehen gegen sie gerammt und hätte sein Tablett fallen lassen. Bloß nicht noch einmal!, dachte er. Schon am ersten Tag hatte er für Chaos gesorgt, weil er jemandem das Tablett aus der Hand gerissen hatte.
Jetzt sah Yao ihr in die Augen und fragte: „Was und?“

Er hatte wirklich keine Ahnung, was Amanda meinte.
„Du wolltest mir von der Schule erzählen!“, erinnerte sie ihn.
Oje! Er war fest davon überzeugt gewesen, dass Amanda ihre Frage vergessen würde. Nun hatte er sie vergessen!
„Öh …“, stotterte er, noch immer völlig verblüfft und überrumpelt von Amandas Hartnäckigkeit. Hätte sie sich nicht längst bei jemand anderem über den Unterricht informieren können? Warum fragte sie ausgerechnet ihn? Die Schule bereitete

ihm genug Sorgen, das musste er nicht auch noch in aller Öffentlichkeit breittreten. Schon gar nicht gegenüber Neuen, die er noch gar nicht richtig kannte. Außer in Englisch hatte er bei allen bevorstehenden Tests ein miserables Gefühl. Und wenn er ehrlich war, fand er seine neue Schule hier in der Fußball Academy bei Weitem nicht so gut wie seine alte Grundschule. Die Leistungsanforderungen entsprachen seiner Meinung nach denen einer höheren Klassenstufe und in den Fremdsprachen Englisch und Spanisch bestimmt sogar denen eines Gymnasiums. Aber sollte er all das Amanda und den Mädchen gleich auf die Nase binden?

Er war unsicher. Deshalb brachte er erneut lediglich ein stotterndes „Ä-hem“ heraus.

Zum Glück mischte sich Fiete sofort ein: „Wir Jungs schreiben morgen einen Geografietest. Das ist voll …“ Er steckte sich demonstrativ einen Finger in den Hals und machte ein Geräusch, als müsste er sich übergeben.

„Aber danach zwei Stunden Training. Das macht es wieder wett."
„Öh. Genau!", stimmte Yao ihm schnell zu.
Die Mädchen waren offenbar anderer Meinung.
„Geografie? Find ich eigentlich ganz nett", sagte Amanda. „Ich finde es gut, über die Welt Bescheid zu wissen."
„Öh", machte Yao wieder und murmelte: „Ja, stimmt eigentlich."
„WAS?", empörte sich Fiete. „Gestern fandest du Geografie noch voll oberlahm!"
„Öh!", brachte Yao wieder heraus.
Amanda lachte auf: „Ist das der einzige Buchstabe, den du kennst: Ö?"
„Öh!", machte Yao und nun lachten sie alle: Amanda, Fiete, die anderen Jungs am Tisch und sogar Yao selbst.
„Aber im Ernst", übernahm wieder Amanda das Wort: „Was heißt, ihr Jungs schreibt den Test? Wir haben doch wohl hoffentlich keinen getrennten Unterricht?"
Yao öffnete den Mund.

Doch Amanda warnte ihn sofort: „Jetzt sag nicht wieder Öh!"
„Nein", antwortete Yao brav. „Ich glaube, wir sollen gemeinsamen Unterricht haben. Aber ihr hattet ja keine Vorbereitungszeit für den Test."
„Verstehe!", sagte Amanda zufrieden.
„Verstehe?", wiederholte Fiete empört. „Und wir? Hatten wir etwa Vorbereitungszeit? Der Test wurde erst gestern angekündigt, heute

gab es ganz anderen Unterricht und dann eure Ankunft. Wann soll man da lernen?" Er fuchtelte dabei mit den Armen, als hielte er eine bedeutende Ansprache.
„Du willst jetzt aber nicht uns Mädchen die Schuld geben, wenn du einen Geografietest vergeigst, oder?", fragte Amanda scharf nach.
„Öh!", machte Fiete.
Amanda und Yao lachten.
„Abräumen. In einer Stunde beginnt die Nachtruhe!", schallte es plötzlich durch die Mensa. Der Trainer hatte die Ansage gemacht.
Von der Seite kamen Maria und Nayara heran.
Maria sah ungläubig auf ihre Smartwatch. „Soll das ein Witz sein?", fragte sie in die Runde.
„Nicht mal mein kleiner Bruder muss so früh ins Bett. Und der ist erst fünf!"
„Nachtruhe bedeutet nicht, dass wir alle sofort ins Bett müssen", erläuterte Yao. „Nachtruhe bedeutet, dass kein Sport mehr erwünscht ist und auch die Freizeitanlagen verlassen werden müssen."

„Ah, also nix ins Bett, va bene“, stieß Maria sichtlich erleichtert aus.
„Es ist ganz einfach“, mischte sich nun Fiete wieder ein. „Wir sollen uns in die Zimmer zurückziehen. Mehr nicht.“
„In unsere oder in eure?“, fragte Maria mit breitem Grinsen.
Yao und Fiete liefen rot an.

Und Amanda feixte: „Ich vermute, die Antwort lautet: Öh!"
„Wie bitte?", rief Laura plötzlich so laut, dass alle es hörten. Sie stand mit Ali und Haruki nur ein paar Meter weit entfernt. Alle drei hatten ihre Tabletts in den Händen. „Du fändest es echt ernsthaft besser, getrennten Unterricht zu haben?" Herausfordernd sah sie Ali an.
Doch Ali ließ sich nicht einschüchtern. „Ja, ich denke, es hätte Vorteile."
„Ach ja?", hakte Laura spitz nach. „Welche denn?"
„Ihr Mädchen könnt irgendwie besser lernen", behauptete Ali. „Ich kenne das von meinen drei Schwestern. Die sind alle besser in der Schule als mein Bruder und ich. Und auch in meiner alten Grundschule war es so. Da komme ich mir immer blöd vor."
„Das muss jetzt aber nicht zwingend an den Mädchen liegen, wenn du dir blöd vorkommst!", konterte Laura angriffslustig.
Aber Ali ließ sich nicht provozieren.

„Ich meine es ernst. Ohne Mädchen in der Nähe kann ich viel besser lernen. Das ist anders herum als beim Fußball. Auf dem Platz sind wir Jungs klar besser. Da kommt ihr Mädchen euch dann blöd vor.“

„Was?!“, quiekte Laura auf. Ihr Pony peitschte pausenlos in alle Richtungen, während sie den Kopf schüttelte. „In welchem Universum sind wir denn hier gelandet?“

„Wieso?“, fragte Ali unbekümmert. „Das haben wir doch gerade beim Elferschießen gesehen.“
„Ihr habt mit Glück gewonnen“, ereiferte sich Laura. „Mit purem Glück!“
„Wenn man sich selbst anschießt beim Elfer, ist das kein Pech“, behauptete Ali. „Sondern dann kann man halt nicht gut schießen.“
Laura schnappte wütend nach Luft, bevor sie Ali anbrüllte: „Das ist auch schon Profis passiert!“
„Ja, blinden Profis“, behauptete Ali.
„Und du hast übers Tor geschossen! Schon vergessen?“
Streitend, schimpfend und fluchend zogen die beiden weiter zur Geschirrabgabe.
Fiete kicherte: „Was sich neckt, das liebt sich!“
Und Amanda fragte Yao: „Geht es dir auch so?“
„Womit?“, fragte Yao. Und hoffte, Amanda würde jetzt nicht mit ihm eine Diskussion über Mädchen- und Jungsfußball entfachen wollen.
„Lernst du auch besser ohne Mädchen, weil sie dich nervös machen?“, hakte Amanda nach.

Yao konnte noch in letzter Sekunde sein „Öh" unterdrücken und antwortete stattdessen: „Ich bin ehrlich gesagt noch nie auf den Gedanken gekommen. Aber jetzt, wenn ich darüber nachdenke: Bei mir in der Grundschule waren die Mädchen wirklich immer ruhiger und aufmerksamer. Und obwohl ich die Academy viel strenger und schwieriger finde, habe ich hier das erste Mal das Gefühl, dass wir Jungs so sein dürfen, wie wir sind: mit Herumtoben, Herumalbern, viel Spaß und Bewegung.
Jeder hier hat Verständnis für unsere Fußballleidenschaft."
„Ja, das stimmt!", pflichtete Fiete ihm bei. „Aber bisher waren keine Mädchen da."
„Dann habt ihr also Schiss, es könnte sich jetzt ändern?", fragte Amanda nachdenklich.
Fiete und Yao schwiegen verlegen.
„Ich verstehe", behauptete Amanda.
„Wirklich?", fragte Yao. Das konnte er sich nur schwer vorstellen, dass ein Mädchen die Ängste der Jungs nachvollziehen konnte.

„Ja. In gewisser Weise hat Ali nämlich recht", behauptete Amanda weiter.
Fiete und Yao zogen erstaunt die Augenbrauen hoch.
„Das wäre mir aber ganz neu!", lästerte Fiete.
„Zwar glaube ich nicht, dass Jungs besser Fußball spielen als Mädchen", erklärte Amanda. „Aber ich glaube, dass die meisten Jungs das so sehen. Und dann ist es für uns Mädchen auf dem Platz wie für euch Jungs im Unterricht. Ständig fühlen wir uns beobachtet und sind überzeugt, dass alle uns für schlechter halten."
„So habe ich das noch nie gesehen", gestand Yao.
„Ich auch nicht", stimmte Fiete ihm wieder zu.
„Wir könnten einen Pakt schließen", schlug Amanda vor.
„Einen Pakt?" Yao und Fiete konnten sich zwar nichts darunter vorstellen, aber ein Pakt klang nach Geheimnis und Verschwörung und damit schon mal gut.
„Ich unterstütze euch Jungs mental im

Unterricht. Und ihr beiden uns Mädchen auf dem Platz. Mal sehen, ob die anderen dann nach und nach mitziehen."

„Mental?", hakte Fiete nach. „Was soll das bedeuten?"

Yao wusste es. „Na ja", erklärte er. „Keine dummen Sprüche. Anerkennung bei guten Leistungen. Unterstützung und Hilfe bei Fehlern und so weiter."

„Ganz genau!", stimmte Amanda ihm zu und reichte den Jungs die Hand. Die beiden schlugen ein. Sie hatten einen Pakt.

# Die Magie des Elfmeters

„Was machen wir denn nun eigentlich während der Nachtruhe?“, fragte Amanda, als sie gemeinsam mit Yao und den anderen die Mensa verließ und sie an den Sportplätzen entlanggingen. Sie hätten auch durch den Flur laufen können. Aber die Abendsonne schien noch bei herrlichstem Wetter, da fanden alle den Weg draußen schöner.

Direkt vor Yao und Amanda gingen Max und Yasemin nebeneinander.

„Du hast super gehalten!“, lobte Max und klopfte Yasemin anerkennend auf die Schulter.

„Danke. Aber das waren doch nur ein paar Schüsse“, wehrte sie verlegen ab.
„Nein! Nein! Du hast so oft die richtige Ecke vermutet. Wahnsinn!“, schwärmte Max weiter.
„Nur die Hälfte. Bei der anderen Hälfte lag ich falsch“, stellte Yasemin klar.
„Die Hälfte!“, rief Max aus und streckte die Arme hoch, als wollte er den Himmel anbeten.

„Weißt du, was das für eine waaaahnsinnige Quote ist? Jeden zweiten Schuss richtig erahnt. Mann!“
„Nee, Mädchen“, konterte Yasemin lächelnd. „Aber du übertreibst.“
„Quatsch!“, behauptete Max. „Und du hast zwei Mal gehalten! Das ist erst recht eine supersuper Quote!“
„Findest du?“, fragte Yasemin.
„Ich kenne mich aus“, verkündete Max. „Ich habe alle möglichen Statistiken übers Elfmeterschießen gelesen!“
Yasemin sah ihn verblüfft an und blieb sogar kurz stehen. „Echt?“
„Ja!“, antwortete Max stolz.
„Warum?“, fragte Yasemin.
„Wie: warum?“ Max war irritiert, dass Yasemin seinen Stolz nicht teilte. „Damit man Bescheid weiß, wie man Elfmeter hält! Ist doch klar!“
„Ich hab noch nie eine Statistik gelesen“, gestand Yasemin. „Ich lese es den Spielerinnen von den Augen ab. Das hab ich heute auch

versucht. Bei der Hälfte der Jungs hat es geklappt."

„Wie? Was?", stotterte Max. „Willst du damit sagen, wenn ihr Mädchen unter euch spielt, ist deine Quote noch besser?"

Bevor Yasemin antworten konnte, rief Amanda, die alles mitgehört hatte, von hinten: „Klar! Normalerweise ist sie noch viel besser. Sie ist nur zu bescheiden!"

Max machte so große Augen, als würde er soeben bemerken, dass neben ihm sich gerade ein Weltstar zur Nachtruhe begab. „Irre!", hauchte er nur und strahlte Yasemin an. „Und als du einmal ausgerutscht bist, da warst du sogar noch dran."

„Drin war er trotzdem", erinnerte Yasemin ihn. „Und du hast super gehalten. Immerhin habt ihr das Elfmeterschießen gewonnen!"

Nun war Max verlegen. „Das war nur Glück."

„Bei mir auch", behauptete Yasemin.

Amanda hinter ihnen grinste Yao an und flüsterte ihm zu: „Unser Pakt funktioniert."

Yao zwinkerte zurück. „Ich glaube, bei den beiden ist es mehr als nur der Pakt."

„Aber", bohrte Max weiter nach, „warum kannst du das so gut? Was siehst du in den Augen der Schützen? Hast du da einen Trick?"

„Ja", gab Yasemin zu.

Max riss die Augen auf. „Was? Echt? Verrat ihn mir! Bitte!"

„Geht nicht!", behauptete Yasemin.

Jetzt blieb Max kurz stehen. „Wieso nicht? Ich war immer nett zu dir. Wieso stellst du dich so an? Willst du unbedingt besser bleiben als ich?" Er redete sich regelrecht in Rage. „Findest du das fair? Sportsgeist und so ..."

Yasemin hob beschwichtigend die Hände. „Hey, hey. Beruhig dich. Ich kann es wirklich nicht erklären. Das muss man lange üben!"

Max sah sie mit großen Augen an, wurde nun aber etwas ruhiger. Und fragte wieder in normalem Ton: „Und was muss man da üben?"

„Warst du schon mal in einer Zaubershow?", fragte Yasemin völlig überraschend.

„Zaubershow?“, fragte Max nach. Was hatte das mit Elfmeterschießen zu tun?

„Oder hast eine im Fernsehen gesehen?“, setzte Yasemin nach.

Max musste erst einmal überlegen.

„Äh, ja. Ich denke schon, aber …“

„Da gibt es manchmal so Leute, die Gedanken lesen“, erzählte Yasemin weiter.

„Du willst mir jetzt nicht erzählen, dass du Gedanken lesen kannst!“ Max war schon wieder kurz davor, in die Luft zu gehen.

„Nein, natürlich nicht“, erwiderte Yasemin. „Das können die Magier in der Zaubershow auch nicht. Aber sie können Gesichter lesen, wenn du so willst. Sie haben ganz genau und intensiv studiert, wie sich menschliche Gesichtszüge bei bestimmten Gedanken verhalten. Also einfach ausgedrückt: Augenzucken bei Lügen, Mundwinkel leicht verziehen, wenn sie an etwas Lustiges denken, und so weiter.“

„Und so etwas kannst du?“, fragte Max verblüfft.

„Nicht wirklich“, sagte Yasemin. „Aber mein Vater ist Hobbymagier. So ein paar Tricks kann er auch. Und ein bisschen davon hat er mir beigebracht. Oft erkenne ich am Blick des Spielers, der schießt, dass er bewusst in die andere Ecke schaut als in die, in die er dann schießen wird.“

„Irre!“, hauchte Max beeindruckt. „Kannst du mir das beibringen?“

„Vielleicht“, wiegelte Yasemin ab. „Aber das dauert lange. Mein Papa und ich machen das seit vier Jahren!“

„Hey Max!“, rief Yao lachend von hinten. „Gute Aussichten. In vier Jahren bist du vielleicht auch ein guter Torwart!“
„Blödmann!“, gab Max zurück.
Und Amanda mahnte: „Der Pakt gilt auch unter euch Jungs!“
Wieder lachte Yao. „Ja, du hast recht. Und ganz im Ernst: Ich glaube, wir Jungs können viel von euch lernen.“
„Und umgekehrt“, antwortete Amanda. „Das glaube ich auch.“
Sie hatten den Wohntrakt erreicht, in dem die Jungszimmer im Erdgeschoss und die Mädchenzimmer im Stockwerk darüber lagen.

An der Eingangstür blieben sie stehen.
„Und was machen wir jetzt?“, fragte Amanda. Sie zeigte in den blauen Abendhimmel. „Ich meine, bei dem Wetter geht man doch noch nicht ins Bett. Nicht einmal zum Lesen.“
„Wir könnten etwas spielen“, schlug Yao vor.
Amanda sah zurück zu den Sportplätzen. „Ich denke, das dürfen wir um diese Uhrzeit nicht mehr?“
„Keinen Fußball“, präzisierte Yao. „Ein Brettspiel.“
Amanda und Yasemin hoben fragend die Augenbrauen.
Und Max rief begeistert: „Au ja! Oware! Das ist cool!“
„O-was?“, fragte Amanda.
„Ein uraltes Brettspiel“, erläuterte Yao.
„Es gehört wahrscheinlich zu den ältesten Brettspielen der Welt. Mein Opa in Ghana hat es mir mal zu Weihnachten geschenkt.“
„Du hast einen Opa in Ghana, den du an Weihnachten besuchst?“, fragte Amanda mit neidvollem Blick.

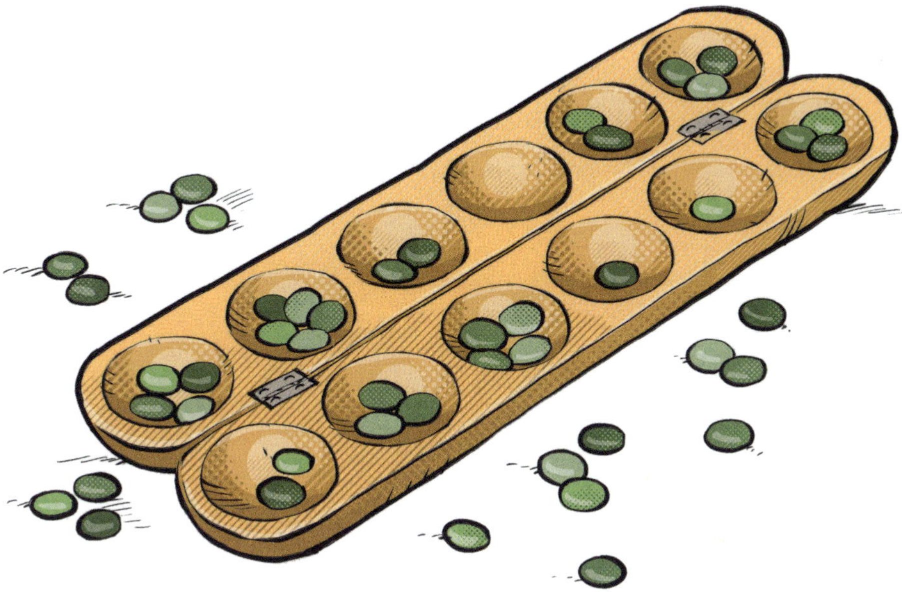

„Leider fliegen wir nur alle zwei Jahre über Weihnachten zu meinen Großeltern“, antwortete Yao bedauernd. „Jedenfalls ist das ein wirklich tolles Spiel. Soll ich es holen, dann können wir uns auf die Wiese setzen und spielen?“

„Leider kann man es nur zu zweit spielen“, wandte Max ein.

Doch Yao winkte ab. „Ist egal. Wir bilden zwei Pärchen und wechseln uns ab. Zwei Mannschaften, sozusagen.“

„Oh ja, dann …“, setzte Max an.
Doch Amanda kam ihm zuvor. „Nix da. Nicht Jungs gegen Mädchen. Yao und ich bilden ein Team.“
„Abgemacht!“, sagte Max und sah verträumt zu Yasemin.

# Überraschende Mannschaftswahl

„Ich hasse es, ich hasse es, ich hasse es!“, war alles, was Yao keuchend herausbrachte.
Ja, er liebte das Fußballspielen über alles. Ja, er galt als großes Talent. Ja, er hatte gute Chancen, später vielleicht einmal Fußballprofi zu werden. Aber er hasste Zirkeltraining. Fast noch mehr als alle schwierigen Fächer in der Schule zusammen.
Gerade eben musste er erst zwei Minuten Seilspringen, dann innerhalb von dreißig Sekunden an Station 2 sein: zwei Minuten über das Geländer am Rand des Platzes hin-

und herspringen. Wechsel zur dritten Station: Liegestütze. Vierte Station: Krafttraining mit dem rechten Bein am Deuserband. Fünfte Station: Krafttraining für das linke Bein am Deuserband. Sechste Station: fünfzig Meter Vollsprint, zehn Kniebeugen, fünfzig Meter Vollsprint zurück. Und jetzt, obwohl Yao durch die beiden Sprints noch völlig außer Atem war,

war zwei Minuten Hula-Hoop angesagt. Was war das für eine beknackte Übung?! Er wollte doch nicht Balletttänzer werden oder so etwas. Was hatte Hula-Hoop mit Fußball zu tun?
Es gab immer Zweierteams, die gemeinsam Station für Station absolvierten.
Amanda hatte keinerlei Schwierigkeiten mit dem Reifen, während er Yao ständig zu Boden rutschte. Er hatte noch nicht einmal zwei Umdrehungen hintereinander geschafft. „Oh Scheiße!", fluchte er mit einem Gesicht, das nicht nur wegen der Anstrengung knallrot angelaufen war, und was sogar trotz seiner dunklen Haut zu erkennen war. „Was soll der Mist?"
Amanda grinste. „Weißt du, was alles für Muskeln bei Hula-Hoop trainiert werden? Und gegen eine steife Hüfte ist das auch gut. Ein perfektes Ganzkörper-Trainingsgerät. Und total hip!", schwärmte sie von dem Reifen, ohne dass der auch nur ansatzweise ins Schlingern geriet. Er kreiste um Amandas Hüfte, als würde

ZIRKELTRAINING
Zwei Minuten sind um, Wechsel!
STATION 1 Seilspringen
STATION 2 Geländersprung
STATION 3 Liegestütz

STATION 4
Deuserband
Rechtes Bein
STATION 5
Deuserband
Linkes Bein
50m Sprint hin
STATION 6
10 Kniebeugen
50m Sprint zurück
STATION 7
?
!
Hula-Hoop

er selbstständig in der Luft schweben wie die Saturnringe um den Planeten.
„Wie machst du das?“, fragte Yao und unternahm einen weiteren, völlig aussichtslosen Versuch.
„Du gibst zu wenig Schwung“, antwortete Amanda. „Typischer Anfängerfehler. Du musst den Reifen hinten auf Bandscheibenhöhe an den Rücken anlegen und dann wirklich volle Kanne Schwung geben. Sonst fällt er gleich wieder runter. Also nicht so lasch. Und dann wippende Bewegungen, keine kreisende. Also mit der Hüfte vor und zurück oder links-rechts, aber auf keinen Fall versuchen, mit der Hüfte zu kreisen. Das wird nichts.“
Da musste Yao ihr recht geben. Denn genau so, mit kreisenden Bewegungen, hatte er es immer versucht.
Nun probierte er es so, wie Amanda es ihm erklärt hatte. Und tatsächlich: Zum ersten Mal hielt der Reifen seine Höhe, als er mit dem Hüftschwung begann. Das war ja …

„Sooo! Wechsel!“, rief der Trainer und pfiff wie bei jedem Stationswechsel in die Trillerpfeife.
„Na toll!“, schimpfte Yao. „Jetzt, wo es mal klappt.“
Amanda lachte. „Aber das sah doch schon gut aus.“
Bei der nächsten Station, der achten, war es genau umgekehrt: Ball mit dem Kopf jonglieren. Das konnte Yao gut. Fast besser als mit dem Fuß. Im Kopfball-Jonglieren konnte er mit den Besten mithalten.
Für Amanda war das überhaupt nichts. „Unter uns: Wenn ich die ganze Zeit so den Kopf in den Nacken legen muss, dann wird mir immer schwindelig, aber sag das nicht den anderen!“, meinte sie.
„Aber das ist doch ...“ Er wusste nicht, wie er es ausdrücken sollte. „Ich meine, versteh mich nicht falsch, aber vielleicht ist das eine Krankheit.“
„Ich bin nicht krank!“, sagte Amanda schroff.
Yao winkte ab. Er wusste, er hatte das falsche

Wort benutzt. Er versuchte es erneut. „Wie eine Verletzung, meinte ich. Vielleicht stimmt da etwas mit deinem Nacken nicht. Hast du das mal untersuchen lassen?“

Amanda schaute ihn verblüfft an. „Nein. Auf die Idee bin ich noch nicht gekommen. Was soll da für eine Verletzung sein? Ich bin doch keine alte Oma.“

„Mein Vater ist total fit und sportlich“, nahm Yao einen erneuten Anlauf, es ihr zu erklären. „Und trotzdem hat er oft Rückenschmerzen. Irgendwie ’ne schiefe Bandscheibe oder so. Er

muss ständig so spezielle Übungen machen, damit es ihm nicht wehtut. Vielleicht gibt es für dich auch ein spezielles Training?“
Amanda schaute ihn nachdenklich an.
Und Yao erzählte ihr von seiner Verletzung, die erst vor kurzer Zeit verheilt war, und von der tollen medizinischen Betreuung an der Academy. „Ich würde die mal fragen“, schloss er.
„Das ist vielleicht wirklich eine gute Idee“, sagte Amanda.
Und dann ging es schon wieder zur nächsten Station, ohne dass Amanda auch nur einen einzigen Kopfball gemacht hatte.
Die neunte und zehnte Station waren mit Medizinball und Slalomsprints mit Ball am Fuß.
Als alle die zehn Stationen absolviert hatten, holte Herr Friedrich mit seiner Trillerpfeife alle zusammen und verkündete: „Jetzt machen wir noch ein Trainingsspiel, zwei Mal 15 Minuten.“
Alle jubelten. Und Adal und Ali fingen wieder an, „Jungs gegen Mädchen“ zu skandieren.

Doch dieses Mal ließ der Trainer sich nicht darauf ein. „Yao und Amanda, kommt mal her.“ Die beiden schauten sich unsicher an. Hatten sie etwas falsch gemacht? Hatte Herr Friedrich gesehen, dass Yao kein einziges Mal den Hula-Hoop-Reifen und Amanda keinen einzigen Kopfball geschafft hatte? Wurden sie deshalb jetzt ermahnt?

Herr Friedrich platzierte die beiden links und rechts neben sich. „Immer abwechselnd wählt ihr eure Mitspieler. Amanda fängt an."
Amanda musste nicht lange überlegen und wählte Nayara zu sich.
Nun war Yao dran und alle Finger der Jungs flogen in die Höhe.
„Nimm mich! Nimm mich!"
Yao wusste, weshalb. Alle gingen davon aus, dass Amanda nur Mädchen und Yao nur Jungs wählen würde. Auf diese Weise käme es doch noch zu dem gewünschten Match. Und niemand der Jungs wollte in die Mädchenmannschaft.
Yao dachte nach.
Aber nicht über das, was seine Kumpels dachten.
„Nimm mich! Ich bin dein bester Freund!", sagte Fiete.
„Das spielt keine Rolle. Nimm mich. Ich bin der beste Spieler von uns allen!", rief Ali. Das klang zwar total überheblich – aber leider stimmte es.

Doch Yao betrachtete diese Wahl anders. Eher wie ein Schachspiel, obwohl er Schach gar nicht konnte. Und Amanda hatte seiner Meinung nach eben einen falschen Zug gemacht.
Yao hatte sich entschieden.
„Ich nehme Yasemin!“ Entschlossen zeigte er auf sie.
„*WAS?*“ Yasemin schaute verwundert in die Runde.
Die Jungs waren empört.
„Bist du total bescheuert?“, schimpfte Ali.
„Wieso nimmst du ein Mädchen und nicht mich? Ich bin der Beste!“
Amanda blickte rüber zu Yao. Sie hatte ihn durchschaut. Alle waren von Yasemins Leistung als Torhüterin beeindruckt gewesen. Yao setzte offenbar darauf, zu null zu spielen.
„Ich nehme Ali!“, rief sie nun.
„Ich zu den Mädchen? Nein! Wieso?“, jammerte Ali. Er warf Yao einen bitterbösen Blick zu. „Nur wegen dir!“
„Nein!“, widersprach Amanda. „Weil du

angeblich der Beste bist. Und den Besten kann ich gut gebrauchen. Aber wehe, du hast gelogen!“

Die Mädchen lachten.

Ali grummelte vor Zorn. Die anderen Jungs sahen ihm mitleidig hinterher, wie er zu Amanda schlich und sich brav hinter sie stellte.

Herr Friedrich schmunzelte. Es lief besser, als er erwartet hatte.

Als die Wahl beendet war, spielten sie wie folgt:

# Das erste Trainingsspiel

Yao hatte konsequent auf Sicherheit gesetzt. So hatte er, von Amanda unbemerkt, die vier Verteidiger in seine Mannschaft gewählt, die sich in der Academy mehr und mehr als Stamm-Viererkette herauskristallisiert hatten. Wenn sie dann bald endlich mal eine richtige Mannschaft bilden würden, die gegen andere Vereine spielte, und wäre es nur für Test- und Trainingsspiele. Noch aber fanden die Fußballspiele nur untereinander statt. Durch die Ankunft der Mädchen waren sie jetzt wenigstens genügend, um zwei komplette

Mannschaften zusammenzubekommen.
In seinem Stadtteilverein hatte Yao meist vorn im Angriff gespielt.
Sein Trainer hier hatte ihm geraten, sich mehr zum Sechser auszubilden. Das hieß, einerseits als „Abräumer“ vor der Abwehr zu spielen, aber auch Schnittstelle zwischen defensivem Mittelfeld und Angriff zu sein. Also die Rolle, die zum Beispiel Joshua Kimmich in der Nationalelf spielte. Yao hatte noch keinerlei Erfahrungen auf dieser Position, aber er konnte sich das gut vorstellen.
Amanda konnte Yaos Aufstellung in keiner Weise einschätzen. Denn sie kannte all die Jungs noch nicht. Deshalb war ihr eben auch entgangen, dass Yao sich die bestmögliche Verteidigung zusammengestellt hatte.
Mit einer kleinen Einschränkung: Yao kannte

umgekehrt die Mädchen nicht. Er hatte keine Ahnung, ob sich unter ihnen nicht eine grandiose Abwehrspielerin befand. Immerhin hatte Amanda gleich zwei Mädchen in die Abwehr gestellt.
Was Yao an Amandas Mannschaft am besten gefiel, war Amandas eigene Position. Sie hatte sich als Sechser aufgestellt und spielte damit genau das, was Yao selbst auch versuchen wollte. So konnte er sich später vielleicht mit Amanda mal intensiv über ihre Rolle auf dem Platz austauschen.
Sofort wurden seine Gedanken aber getrübt. Augenblick mal!, dachte er bei sich. Wenn sie vielleicht bald wirklich endlich eine richtige Mannschaft aufstellen würden, dann gemischt, Jungs und Mädchen zusammen?
Vermutlich, dachte Yao. Denn für eigene Mannschaften war sowohl der Kader der Mädchen als auch der der Jungen zu klein. Obwohl: Bei den Jungs würde es gerade noch so gehen. Wenn sie aber eine gemeinsame

Mannschaft bildeten, dann waren Amanda und er absolute Konkurrenten, weil sie auf derselben Position spielten.
Ein schriller Pfiff riss Yao aus seinen Gedanken. Herr Friedrich hatte wieder seine Pfeife benutzt.
„Was ist, Yao?“, rief er ihm zu. „Träumst du?“
Yao sah, dass sich alle anderen aufgestellt hatten. Nur Yao stand noch in der falschen Spielhälfte, sodass das Spiel nicht angepfiffen werden konnte.
Yao lief schnell rüber auf seine richtige Position.
„Ist der immer so eine Schlafmütze?“, fragte Laura Ali, der als absolute Spitze vorn in der Mitte spielte.
Von Laura hieß es, sie sei eine gute Dribblerin, deshalb spielte sie im Angriff, um von dort auch mal Zweikämpfe 1:1 einzugehen und gefährlich mit Dribblings in den Strafraum zu ziehen.
Den Plan, den Ali sehr wohl in Yaos Aufstellung erkannte, fand er sehr gut. Allein fehlte ihm der Glaube, dass Laura – dass überhaupt irgendein

Mädchen – diese Rolle würde ausführen können.

„Alter, hast du je beim Frauenfußball eine Spielerin gesehen, die so dribbeln kann wie Ronaldo oder Messi, Mbappé oder Neymar?“, fragte Ali Fiete, der ihm an der Mittellinie im Moment direkt gegenüberstand. „Nicht einmal wie Gnabry, Salah oder Musiala. Digger, so etwas wirst du bei Frauen nie sehen. Da spielen selbst die Weltmeisterinnen bestenfalls auf Regionalliga-Niveau.“

Fiete schaute kurz nachdenklich drein und antwortete dann: „Ich denke, das ist kein sportliches Problem, sondern ein mathematisches.“

„Hä? Wieso das denn? Was erzählst du wieder für’n Scheiß?“, fragte Ali verärgert.

„Ganz einfach“, erklärte Fiete. „Nehmen wir an, du suchst eine Person mit roten Haaren. Wo ist die Wahrscheinlichkeit höher, dass du diese Person findest? In einer Gruppe von zehn Leuten oder in einer Gruppe von 100 Leuten?“

„Blöde Frage“, konterte Ali. „In der größeren Gruppe natürlich.“

„Und nun suchst du keine rothaarige, sondern eine Person mit außerordentlichem, fantastischem Fußballtalent: Findest du die eher in einer Gruppe von 250.000 Mädchen bis 14 Jahre, die in Deutschland Fußball spielen, oder in einer Gruppe, die mehr als viermal so groß ist, nämlich 1,3 Millionen Jungs bis 14 Jahren, die in Deutschland Fußball spielen?“

Ali winkte ab. „Womit du dich so alles beschäftigst, Digger. Ich bleibe dabei: Es gibt keinen weiblichen Mbappé!“

Anpfiff.

„Hey, ihr Schnarchtüten!“, rief Laura. „Wollt ihr quasseln oder kicken?“

Ali und Fiete merkten, dass sie den Anpfiff verpasst hatten und Laura schon den Ball am Fuß führte. Sie wollte rechts raus auf Fiete spielen, aber der war noch nicht auf seinem Posten. Jetzt erst lief er nach außen, während Ali auf Laura zusprintete, um ihr den Ball abzunehmen.
Doch Laura passte nach links außen zu Navid. Navid spielte zurück auf Yao.
„Was soll denn das?“, brüllte Laura ihm zu. „Spiel doch nach vorn!“
Navid kräuselte die Stirn. Was wollte Laura von ihm? Es war völlig normal, erst mal auf Sicherheit zu spielen und den Gegner abzutasten.
Yao legte quer auf den vorgerückten Dennis. Der sah keine Anspielstation und passte zurück zum Tor, das hieß auf Yasemin.
„Genau so hab ich mir das vorgestellt!“, schimpfte Laura lauthals über den Platz. „Meine Güte. Dieses ewige Rückwärtsspielen geht mir auf den Senkel! Sind wir hier beim Rudern, oder

was? Nach vorn gucken! Nach vorn spielen!"
Mit heftigen Armbewegungen zeigte sie die Richtung an.
Yasemin spielte einen langen Pass nach vorn in die Mitte, dorthin, wo Laura stand. Laura sah sich blitzschnell zu allen Seiten um, ob ein Gegenspieler in der Nähe war. Nur Ali stand hinter ihr und bereitete sich auf ein Kopfballduell vor.
Doch Laura dachte gar nicht daran. Sie lief rückwärts, schob dabei den verdutzten Ali immer weiter zurück, sprang hoch und konnte den Ball mit der Brust stoppen.
Der Ball tropfte zu Boden. Sofort ging Ali mit dem Fuß dazwischen. Aber Laura konnte den Ball noch nach außen spitzeln, wo Daria übernahm und mit dem Ball am Fuß lossprintete. Sie war äußerst schnell, staunte Yao. Doch Ali war auch nicht langsam. Weil er den kleinen Zweikampf mit Laura nicht hatte gewinnen können, raste er in Höchsttempo Daria hinterher. Gerade als sie einen scharfen

LAURA ZIEHT VOM LEDER!!!
HEY, IHR SCHNARCHTÜTEN! Wollt ihr quasseln oder kicken?
Was soll denn das? Spiel doch nach vorn!

Meine Güte!
Genau so hab ich mir das vorgestellt!
Sind wir hier beim Rudern, oder was?
Nach vorn gucken!
Nach vorn spielen!
Dieses ewige Rückwärtsspielen geht mir auf den Senkel!
SACH MAL! HAST DU SIE NICHT MEHR ALLE?

Steilpass in die Spitze spielen wollte, hob Ali vom Boden ab und grätschte Daria mit Karacho in die Beine.
Daria schrie auf, fiel zu Boden, rollte ein paar Meter weit und blieb jammernd und weinend liegen.
Laura konnte nicht glauben, was sie da sah. Wie eine tollwütige Löwin sauste sie auf Ali los und brüllte ihn an: „Sach mal! Hast du sie nicht mehr alle?!“
Mehrere Jungs und Mädchen versammelten sich um Daria. Auch Herr Friedrich kam gleich angerannt.

„Was denn?“, verteidigte sich Ali. „Das ist normale Härte. Fußball ist eben ein Männersport.“
„Was stimmt denn mit dir nicht?“, brüllte Laura ihn weiter an. „Spielst du hier Mähdrescher, oder was? Du kannst nicht deine Academy-

Mitspielerin mit 'ner Blutgrätsche wegsensen."
„Das ist einfach nur körperbetonte Abwehr", behauptete Ali.
„Körperbetont? Vielleicht betonst du mal ein bisschen mehr deinen Kopf, du Erbsenhirn!" Laura war außer sich.

„Was soll es bringen, wenn wir uns hier gegenseitig schwer verletzen? Bist du denn völlig von Sinnen?"

# Der doppelte Ali

Yao musste Laura recht geben. Es war so, wie er es schon öfter beobachtet hatte: Ali war sehr widersprüchlich. Mal nahm er seine Rolle als Ältester an, um Verantwortung zu übernehmen, Streit zu schlichten oder ein zu großes Chaos zu beenden. Und auf der anderen Seite tickte er manchmal total aus, hatte sich nicht im Griff und ließ ungestüm andere seine körperliche Überlegenheit spüren. So hatte Ali eine erhebliche Mitschuld getragen, als Yao sich im Schwimmbad so schlimm verletzt hatte.
Und jetzt lag Daria am Boden und weinte vor Schmerz. Bei einem Trainingsspiel waren

natürlich keine Sanitäter vor Ort. Aber Herr Friedrich hatte im Training immer eine Tasche dabei, um Erste Hilfe leisten zu können. So auch jetzt. Er sprühte Darias Knöchel so reichlich mit Eisspray ein, dass ein grauer, eisiger Nebel von ihrem Fuß aufstieg.
Sie rappelte sich wieder auf, probierte, ob sie mit dem verletzten Fuß auftreten konnte, und nickte hoffnungsvoll. „Es geht!“, verkündete sie. „Es ist zum Glück nichts Schlimmeres passiert!“
Alle Jungs und Mädchen standen um sie herum und klatschten nun ordentlich Beifall, dass sie weitermachen konnte.

Und Ali rief: „Na also. Ist doch gar nichts passiert!"
Laura, die immer noch mit zornesrotem Kopf dastand, fauchte ihn an. „Halt bloß deine Klappe!"
Herr Friedrich blies in seine Pfeife und rief: „Es geht weiter. Freistoß für Yaos Mannschaft. Und Ali, du hättest für das brutale Foul in einem Spiel wahrscheinlich die Rote Karte bekommen. Komm bitte nach dem Training zu mir für ein Gespräch unter vier Augen."
Alis Foul würde offenbar Folgen haben. Laura wandte sich zufrieden von ihm ab. „Ich schieß den Freistoß!", kündigte sie an.
Alle versammelten sich im Strafraum vor Max' Tor.
Laura flankte in hohem Bogen in das Getümmel beim Elfmeterpunkt. Genau da hätte sie als Angriffsspitze selbst stehen müssen. Aber sie hatte ja den Freistoß getreten. Navid hatte ihre Position eingenommen. Er sprang hoch, wollte zum Kopfball ansetzen. Doch Ali war größer und

konnte höher springen. Er wehrte die Flanke per Kopf ab. Aber zu schlecht. Statt den Ball zur Seite aus der Gefahrenzone zu köpfen, landete er im Zentrum an der Strafraumgrenze genau vor Yao.

Yao brauchte nur seinen rechten Fuß hinzuhalten, um ihn volley aufs Tor zu ballern. Er traf den Ball perfekt. Wie an der Schnur gezogen schlug der Ball unhaltbar für Max ins obere rechte Toreck ein.

1:0. Jubel bei Yaos Mannschaft!
Und Laura konnte sich gegenüber Ali die Bemerkung nicht verkneifen: „Siehst du. Das ist das Ergebnis von deinem blöden Foul. 1:0 für den Gegner!“
Ali sagte nichts, sondern warf ihr nur einen bösen Blick zu. Yao sah ihm an, dass er nun alles daransetzen würde, das Ausgleichstor zu schießen. Und zwar so schnell wie möglich.
„Achtung“, warnte er seine Mitspieler, als sie noch in der Jubeltraube standen, „Ali wird es gleich im Alleingang versuchen. Wir müssen ihn im Mittelfeld stoppen und dann gleich den Konter setzen.“
„Kein Problem, ich schnappe ihn mir“, versprach Said.
„Ich komme zur Absicherung“, bot Adal an.
„Und dann gleich Steilpass nach vorn. Ich halte mich bereit“, ergänzte Laura.
Und so kam es.
Maria machte den Anstoß und wollte zurück auf Nayara spielen.

Doch Ali stand nur drei Meter neben ihr. „Zu mir! Zu mir!“, forderte er im Befehlston, sodass Maria ihn tatsächlich anspielte.
Ali nahm den Ball und spurtete los. Die anderen liefen sich frei, boten sich an, winkten und riefen, damit Ali sie anspielte.
Aber der hielt den Kopf unten und rannte aufs gegnerische Tor zu.
Als Erste stellte sich Daria ihm in den Weg. Würde sie Angst haben vor einem erneuten Foul und zu zögerlich in den Zweikampf gehen? Oder im Gegenteil: Würde sie sich jetzt mit einem Revancefoul an Ali rächen?
Ali befürchtete offenbar das Letztere. Er schlug einen Haken, um einen großen Bogen um Daria zu machen. Einen zu großen Bogen. Denn dort stand – wie geplant – Said, der sofort aggressiv auf Ali zulief und ihn bedrängte.
Ali drehte ab, wollte Said umspielen, was ihm halbwegs gelang. Doch dabei sprang ihm der Ball ein klein wenig zu weit von den Füßen. Und schon war Adal zur Stelle, grätschte in den Ball

und spielte ihn zurück zu Said, während Ali über ihn hinwegsprang.
Said nahm den Ball direkt und schlug einen scharfen, flachen Pass in die Spitze, wo Laura sofort zum Sprint ansetzte.
Die Gegner befanden sich alle in der Vorwärtsbewegung, weil sie dachten, Ali würde rechtzeitig abspielen. Nun mussten sie umkehren und zurücklaufen, verloren dadurch aber entscheidende Meter.

Laura hatte den Ball und war schon durch und hinter der Abwehrlinie. Noch wenige Meter und sie war allein vor Torhüter Max, der sich so groß und breit machte, wie er nur konnte. Er versuchte herauszulesen, ob Laura dribbeln würde oder schie...

Da war es schon geschehen. Laura hatte sofort, als Max herauslief, geschossen. Der Ball zischte – aus seiner Sicht – rechts an Max vorbei und schlug flach ins Toreck ein.

2:0.

Und wieder verschuldet durch Ali, der im Mittelfeld den Ball verloren hatte, statt abzuspielen. Entsprechend gingen seine Mitspieler auf ihn los. Besonders Haruki, Max und Tom pöbelten herum und warfen Ali vor, dass er allein schuld an einer möglichen Niederlage sein würde.

Und dabei blieb es: Yaos Mannschaft gewann 2:0.

Nachdem Herr Friedrich Ali zum Gespräch beordert und seine Mitspieler ihm böse

Vorwürfe wegen seiner Eigensinnigkeit gemacht hatten, war Ali den Rest der Spielzeit gar nicht mehr zu sehen. Lustlos trabte er über den Platz, lief sich nicht frei, forderte nie den Ball, war kaum anspielbar. Und wenn doch mal der Ball auf ihn zukam, war er ihn schnell wieder los, weil er zu langsam war oder sich nicht richtig darum bemühte.

„Ein bisschen tut er mir ja leid", vertraute Amanda Yao nach dem Schlusspfiff an.

Die beiden gingen nebeneinander vom Platz.

„Wieso das?", fragte Yao verwundert. Ihm war schon aufgefallen, dass Amanda die Einzige in ihrer Mannschaft gewesen war, die Ali nicht lautstark Vorwürfe gemacht hatte.

„Ich glaube tatsächlich, dass es einen Unterschied zwischen Frauen- und Männerfußball gibt", begann sie ihre Erklärung. „Und weißt du, worin der meiner Meinung nach hauptsächlich besteht?"

Yao hatte sich darüber noch nie Gedanken gemacht und zuckte mit den Schultern.

„Die Männer spielen viel körperbetonter“, behauptete Amanda.
Yao hob verwundert die Augenbrauen. „Ja?“
Amanda nickte. „Ali hat behauptet, bei den Frauen hätte man noch nie eine wie Ronaldo oder Messi spielen sehen. Das mag sein. Aber das ist nicht der Punkt.“
„Sondern?“, fragte Yao nach.
„Was man bei den Frauen viel seltener sieht, sind brutale Fouls. Blutgrätschen, der Gegnerin mit beiden Beinen voran direkt aufs Sprunggelenk treten, von hinten mit dem Knie in den Rücken treten, Platzwunden am Kopf durch überharte Kopfballduelle. Das alles sieht man beim Frauenfußball höchst selten bis gar nicht.“
„Hmmm“, machte Yao nachdenklich.
„Die Abwehrspielerinnen sind auch immer viel weiter von den Gegnerinnen entfernt. An der Strafraumgrenze blocken sie dann die Schüsse ab. Sie gehen viel seltener als die Männer schon vorher konsequent in den harten Zweikampf.“

Amanda sah Yao an. „Deshalb finde ich es gut und richtig, dass in den höheren Altersklassen als unsere und bei den Erwachsenen Frauen und Männer getrennt spielen. Nur bei uns Kindern gibt es gemischte Mannschaften. Und Ali, der von allen hier mit Abstand der Größte, Kräftigste und Älteste ist, dem fällt es, glaube ich, am schwersten, sich auf diese unterschiedlichen Spielweisen einzustellen. Er spielt schon wie ein junger Erwachsener."

„Aber das ist kein Grund, Daria so brutal zu foulen", warf Yao ein. „Und auch nicht, den Kopf zu senken wie ein wilder Stier und seine Mitspieler nicht zu sehen."

Amanda lachte. „Ja, das ist wahr. Das ist wohl ein spezielles Ali-Problem. Aber der eigentliche Grund dafür ist meiner Meinung nach, dass Ali viel zu alt, zu groß, zu stark und zu weit entwickelt ist für diese Academy. Der gehört meiner Meinung nach auf ein richtiges Vereinsinternat für eine direkte Ausbildung zum Profi."

„Das klingt irgendwie gut und richtig“, stimmte Yao ihr zu. „Das erklärt auch viel besser meine Verletzung, die ich durch Ali bekommen hab. Ich hab das noch nie so gesehen.“

Amanda zuckte mit den Schultern. „Tja, ist ja nur so eine Theorie. Aber wer weiß, vielleicht sieht Herr Friedrich das genauso.“

Yao war beeindruckt. „Was du alles weißt ... Von dir kann man eine Menge lernen.“

Amanda lächelte Yao verlegen an. „Wenn du meinst.“

„Ja!“, bestätigte Yao. „Und deshalb wäre es toll, wenn du mir künftig in der Schule helfen könntest.“

„Das mache ich gern, wenn ich kann“, antwortete Amanda. „Und übrigens: Das mit dem Kopfball hab ich von dir gelernt. Ich werde die Physiotherapeuten hier in der Academy morgen mal aufsuchen.“

Zum Abendessen kamen sie alle wieder in der Mensa zusammen. Auch Ali, von dem man den Rest des Tages nichts mehr gesehen hatte.

„Hey!", fragte Haruki ihn direkt. „Was hat Herr Friedrich dir gesagt?"
„Nicht viel", antwortete Ali kurz angebunden. „Aber vielleicht verlasse ich bald die Academy."
„Was?? Du wirst rausgeschmissen?" Das fand Haruki zu hart. Gut, das Foul war unschön gewesen – aber deshalb gleich ein Rauswurf?!
Doch Ali winkte ab. „Nein. Kein Rauswurf. Ich kann bleiben, wenn ich will. Aber ich soll überlegen, ob ich in einem normalen Fußballinternat eines großen Vereins nicht besser aufgehoben wäre. Herr Friedrich würde

mir helfen, Kontakte herzustellen, wenn ich das möchte. Ich soll darüber nachdenken."

„Wow!", hauchte Haruki. „Ist das nun eine Bestrafung oder eine Beförderung?"

„Weder noch", mischte sich Amanda ein, die sich beim Abendessen neben Yao gesetzt und damit Alis eigentlichen Platz eingenommen hatte. „Es ist nur anders. Und wir alle müssen schauen, wo wir am besten aufgehoben sind."

„Du willst ihn wohl loswerden?", fragte Haruki mit einem Augenzwinkern.

Ali schüttelte den Kopf. „Nein, Amanda hat total recht. Und ich werde gut darüber nachdenken."

Er machte keine Anstalten, seinen angestammten Platz am Tisch wieder einzunehmen. Stattdessen legte er seine Hand auf Amandas Schulter und sagte: „Guten Appetit euch allen. Ich gehe rüber zum anderen Tisch. Ich will mich bei Daria für mein blödes Foul entschuldigen."

Ali ging weiter und setzte sich tatsächlich zu den Mädchen.

Yao betrachtete Amanda mit Bewunderung. Sie hat wirklich total recht!, dachte er. Und er freute sich auf die künftige Fußballausbildung gemeinsam mit den Mädchen. Er hatte das Gefühl, er würde dadurch eine ganze Menge mehr lernen, als er ohnehin gedacht hatte. Eine spannende Zeit stand ihm bevor.

# Ein eiskalter Winter in der Fußball Academy

**Es schneit und stürmt. Da wird das Training draußen schon mal zur Schlitterpartie. Und für die Jungs von der Academy steht ihr erstes Turnier an – in der Halle!**
**Yao und seine Freunde müssen sich auf eine komplett andere Spielweise einstellen. Die Mädchen sind ihnen immer eine Nasenlänge voraus.**
**Doch dann stehen die beiden Mannschaften der Eliteschule auf einmal im Finale und müssen gegeneinander antreten.**
**Und Yasemin ist im Tor unschlagbar!**

# Leseprobe: Fußball Academy Band 4

## Sauwetter

Yao stand nur in Unterwäsche vor dem Fenster, schaute hinaus aufs Gelände der Fußball Academy und rieb sich fröstelnd die Arme. Allein beim Anblick des schaurigen Schneeregens, der sich aus den dichten dunkelgrauen Wolken über die Sportplätze ergoss, fror er. Hinzu kam ein heftiger eisiger Wind, der die kahlen Baumkronen nur so durchschüttelte.
Yao konnte es einfach nicht fassen, dass er jetzt zum Training hinaus mitten in dieses Unwetter laufen sollte. Das konnte seine Konditionstrainerin Frau Reinhardt doch unmöglich ernst meinen!

Haruki, Max und Fiete wuselten hinter ihm im Zimmer herum, kramten aus ihren Schränken die Winter-Sportsachen hervor und zogen sich wie immer blitzschnell an, während sie ihre normale Alltagskleidung überall im Zimmer verstreuten und liegen ließen.
Fiete streifte sich warme Beinlinge über und schaute rüber zu Yao. „Was ist los mit dir? In zehn Minuten sollen wir auf dem Platz sein! Zieh dich an!"
„Ja", gab Yao leise zurück. „Meint ihr wirklich, das Training findet statt?"
Fiete zog nun seine Fußballschuhe an, hielt aber kurz inne. „Hä?", fragte er verständnislos. „Wieso sollte es nicht stattfinden?"
Haruki ergänzte die Frage: „Ist Frau Reinhardt krank? Hast du etwas gehört?"
Max winkte ab. „Selbst wenn, dann springen doch die Trainerassistenten ein!"
„Nein!", stellte Yao klar. „Nicht wegen der Trainer. Wegen des Wetters!" Er zeigte hinaus in das nasskalte Unwetter. „Da kann man doch nicht trainieren!"

Fiete stutzte, dann schaute er verblüfft hinüber zu Max und Haruki. Hatte er irgendetwas falsch verstanden?
Auch Haruki und Max mussten eine Sekunde nachdenken, ob sich hinter Yaos Behauptung irgendeine Geheimbotschaft verstecken könnte. Dann begriffen alle drei, dass Yao es tatsächlich wörtlich gemeint hatte, und begannen, lauthals zu lachen.
Kichernd fragte Fiete noch mal nach: „Du meinst ernsthaft, das Training müsste ausfallen, weil es draußen ein bisschen regnet?"
Yao drehte sich zu seinen drei Mitbewohnern um. „Ein bisschen? Es schüttet wie aus Eimern! Schneeregen. Draußen sind es gerade mal zwei Grad plus. Und es stürmt."
Fiete kriegte sich vor Lachen gar nicht mehr ein. „Es stürmt?", wiederholte er und bekam einen erneuten Lachanfall. „Weißt du, was man bei uns zu Hause sagt? Sturm ist, wenn die Schafe keine Locken mehr haben."

**Band 4 erscheint im Herbst 2023!**

**Irene Margil** ist Autorin, Vorlesecoach und Designerin. Sie arbeitete mehrere Jahre in der SAT.1-Sportredaktion. Seit 2008 ist sie freiberufliche Autorin, erschienen sind mehr als 40 Bücher, zuletzt ihr erstes Bilderbuch. Mit interaktiven Lesungen ermuntert sie zum Zuhören, Lesen und zum Vorlesen – online und in Präsenz. Für Erwachsene bietet sie Vorlese- und Präsentationscoachings an.
Mehr Informationen unter: www.irenemargil.de und www.lesungscoaching.de

**Andreas Schlüter,** geboren 1958, lebt und arbeitet in Hamburg. Bevor er mit dem Schreiben von Kinder- und Jugendbüchern begann, leitete er mehrere Jahre Kinder- und Jugendgruppen und arbeitete als

Journalist und Redakteur. Er ist Autor zahlreicher Serien und Einzeltitel für Kinder und Jugendliche, u. a. der Erfolgsserie „Level 4 – Die Stadt der Kinder“. Außerdem schreibt er Drehbücher für Kinder und Erwachsene (u. a. „Tatort“ und „krimi.de“).

**Jan Saße** hat schon immer gerne gezeichnet. In seine Mathehefte. Kein Wunder also bei so viel Übung, welchen Beruf er wählte: nicht Mathematiker! Nach ein paar Umwegen als Tischler, Grafiker und Filmstoryboarder ist er beruflich wieder bei der Sache gelandet, die er am liebsten macht: beim Zeichnen.
Nicht mehr in Mathehefte …
Aber in Kinder- und Jugendbücher, wie z. B. „Die drei ??? Kids“, „Pumuckl“ und „Fußball Academy“.

Weitere Abenteuer in Vorbereitung.

**Fußball Academy**

gibt es überall im Buchhandel und auf:

**carlsen.de**


Umschlag- und Innenillustrationen: Jan Saße
Umschlaggrafik: Stefan Haupt und Jan Saße
Lektorat: Steffi Korda, Büro für Kinder- und Erwachsenenliteratur, Hamburg
Gestaltung, Satz und Herstellung: Stefan Haupt und Lea Intelmann
ISBN 978-3-551-65208-9

Mit Fragen zur Produktsicherheit wenden Sie sich bitte an:
carlsen.de/kontakt